我们一起解决问题

人力资源管理创新丛书

超级面试官

快速提升识人技能的面试实战手册

曾双喜◎著

人民邮电出版社

北 京

图书在版编目（CIP）数据

超级面试官：快速提升识人技能的面试实战手册 /
曾双喜著. -- 北京：人民邮电出版社，2020.6
（人力资源管理创新丛书）
ISBN 978-7-115-53825-3

Ⅰ. ①超… Ⅱ. ①曾… Ⅲ. ①企业管理—招聘 Ⅳ.
①F272.92

中国版本图书馆CIP数据核字(2020)第063891号

内 容 提 要

　　面试是人才招聘过程中的重要一环，面试官的水平直接影响到所招人员的素质高低。那么，面试官该具备哪些基本素质和技能呢？

　　本书从面试环节出发，介绍了面试官定位、人才画像、面试准备、面试提问与追问、非语言信息观察、面试评分以及面试官的修养等与面试相关的内容。书中不仅穿插了大量的真实案例，便于读者快速理解和掌握知识点，而且在每一讲中都提供了对应的实操小工具，如人才画像分析表、面试提纲表和面试评语表等，帮助人力资源从业者快速掌握面试技巧，成为超级面试官。

　　本书适合希望提升面试与识人技能的企业中高层管理者、人力资源总监、招聘经理和招聘专员阅读。

◆ 著　　　　曾双喜
　　责任编辑　刘　盈
　　责任印制　彭志环
◆ 人民邮电出版社出版发行　　北京市丰台区成寿寺路 11 号
　　邮编　100164　　电子邮件　315@ptpress.com.cn
　　网址　https://www.ptpress.com.cn
　　固安县铭成印刷有限公司印刷
◆ 开本：700×1000　1/16
　　印张：14.5　　　　　　　　　　　　2020 年 6 月第 1 版
　　字数：200 千字　　　　　　　　　　2025 年 7 月河北第 35 次印刷

定　价：65.00 元

读者服务热线：（010）81055656　印装质量热线：（010）81055316
反盗版热线：（010）81055315

阅读指引

超级定位：面试官是个什么官

- 无法被替代的面试
- 面试成功的关键在面试官
- 别拿面试官不当官
- 企业面试官队伍建设

01

02

超级准备：你要招什么样的人

- 用人需求是面试的出发点
- 像准备约会那样准备面试
- 精准描绘人才画像
- 快速看透一份简历

超级流程：面试的起承转合

- 你那叫聊天不叫面试
- 什么才是有效的面试方法
- 四段式情景化行为面试法
- 面试组织与注意事项

03

04

超级提问：问对问题才能选对人

- 无效问题与有效问题
- 面试的关键在关键事件
- 面试提问的超级句式
- 如何面试各类人才

超级追问：打破砂锅问到底

- 没有追问就没有真相
- 应聘者自我包装的五种表现
- 面试追问的三个步骤
- 面试追问的七大招式

05

06

超级观察：炼就一双火眼金睛

- 借我借我一双慧眼吧
- 听其言：听锣听声，听话听音
- 观其行：体态语言暴露人的内心
- 察其色：确认过眼神

超级评价：谁是你的Mr. Right

- 面试评价的六个误区
- 面试评价的六不原则
- 定量评价：紧扣评价指标
- 定性评价：给应聘者画像

07

08

超级修炼：面试官的自我修养

- 面试官需要避免的行为
- 面试官，请戴正你的"官帽"
- 面试官如何做好印象管理
- 如何成为超级面试官

超级发现：快速识别高潜人才

- 有小才华
- 有幽默感
- 会讲故事
- 善于提问
- 长期担任学生干部
- 名校毕业

09

10

超级案例：真实面试现场实录

- 某金融集团下属公司总经理招聘面试
- 某集团人力资源总监招聘电话面试
- 某汽车企业4S店总经理能力认证面试
- 某银行零售金融部经理内部选拔面试
- 某地产公司项目经理人才盘点面试

超级
面试官

不专业的面试官正在毁掉你的招聘

众所周知，人才是企业的核心资源。那么，人才从何处来呢？通常，人才是被招聘进来的。谷歌公司执行董事长埃里克·施密特说过，管理者最重要的事情就是招聘人才。

招聘就像谈恋爱一样，要找到一个合适的人是很难的。找错对象会很痛苦，招错人才的代价也很大。《聘谁》一书的作者杰夫·斯玛特和兰迪·斯特里特指出：如果招聘到不合适的人，公司就要付出相当于该员工 15 倍薪水的代价。

作为招聘的重要环节之一，面试的作用十分关键。《奈飞文化手册》规定：面试的重要性高于用人经理预订的任何会议，参加面试是高管会议的与会者缺席或提前离开会议的唯一理由。很多公司的 CEO 会亲自参与面试，如韦尔奇、乔布斯等。雷军在创办小米公司的时候，每天将一半以上的时间用来招人，前 100 名员工入职时雷军都会亲自参与面试。

面试官就像企业人才的"质检员"，掌控着企业的人才入口关。亿康先达合伙人费洛迪根据研究得出以下结论：最好的面试官的预测有效性是最差的面试官的 10 倍。然而，很多企业对面试官并没有给予足够的重视。费洛迪说："大多数公司用 2% 的精力招聘，却用 75% 的精力应对错误招聘带来的后果。"

面试是一项技术活儿，因为要把人看准看透真的非常难。我从事面试实践与研究工作将近 10 年，为很多行业标杆企业提供过包括面试在内的测评咨询服务，面试了上千位中高层管理者和上万名员工，但是我也有看走眼的时候，也曾经招到过不合适的人，也有过惨痛的教训，更何况那些从未接受过专业训练的面试官呢！根据我的观察，不专业的面试官在面试过程中主要有以下几个表现：

（1）面试标准不清晰，不知道自己要招什么样的人；

（2）提问无章法，想到什么就问什么；

（3）仓促判断，只和应聘者交流了10多分钟就决定要不要这个人；

（4）提出各种奇葩的问题，如询问星座、生肖等；

（5）高高在上，提出各种问题刁难应聘者；

（6）高谈阔论，说的比应聘者还多；

（7）不知道怎样判断应聘者表述的真实性；

（8）面试结束后，感觉应聘者挺好的，但是不知道具体好在哪里。

面试官要帮公司引进工作能力强的人，传统面试的预测效度只有0.1 ~ 0.4，传统面试招到的多是面试能力强的人，并不一定是工作能力强的人，因此很多优秀人才与公司失之交臂。

在各种面试方法中，应用最广的是行为面试法，它的预测效度可以达到0.6。我在行为面试法的基础上，将情景面试与行为面试相结合，并将面试划分为"起承转合"四个步骤，最终形成了"四段式情景化行为面试法"。我围绕面试开展企业内训、讲授公开课已有6年多的时间，本书就是在我多年授课内容的基础上改编而成的，主体内容包括以下十个部分。

第一部分是超级定位：面试官是个什么官？这部分主要介绍面试官对企业的价值，应该如何对面试官进行认证与培养。

第二部分是超级准备：你要招什么样的人？这部分主要介绍如何做好面试准备，如何构建人才画像，如何阅读简历。

第三部分是超级流程：面试的起承转合。这部分主要介绍面试的流程与结构化技巧，如先问什么、后问什么，以及每部分要关注的重点。

第四部分是超级提问：问对问题才能选对人。这部分主要介绍面试官应如何提问，从哪些角度提问，提问的句式是怎样的，什么样的问题是有效问题。

第五部分是超级追问：打破砂锅问到底。这部分主要介绍面试官如何追问，以获得更深入和更真实的信息，从而有效判断应聘者的能力。

第六部分是超级观察：炼就一双火眼金睛。这部分主要介绍面试官如何通过非语言信息观察与判断应聘者，包括语气语速、肢体动作、眼神、表情等。

第七部分是超级评价：谁是你的 Mr. Right？这部分主要介绍面试结束后如何评价应聘者并做出录用与否的决定，包括如何打分、如何撰写评语。

第八部分是超级修炼：面试官的自我修养。这部分主要介绍面试官应具备的职业素养，面试官如何提升自身能力。

第九部分是超级发现：快速识别高潜人才。这部分主要介绍在面试或日常工作中，面试官如何通过细节快速识别高潜人才。

第十部分是超级案例：真实面试现场实录。这部分再现了由本人担任面试评委的五场真实面试，从面试前的准备与分析到面试过程，再到最后的评价，对面试过程进行了全景展示。

书中大部分内容均来源于本人的面试实践。本书具有以下三个亮点。

亮点一：内容系统全面。从面试官的定位、人才画像、面试准备、面试提问、追问，到识谎、非语言观察、评分，再到面试官的修养、面试案例、能力词典，本书基本上涵盖了与面试工作相关的所有内容。

亮点二：工具简单好用。书中提供了很多实用的小工具，如人才画像的分析表、面试提纲表、追问技巧表、面试评语表等，正文之后还有两个附录，附录一为常用的胜任力词典，附录二为面试官常用工具图表。这些图表工具非常实用，并且掌握起来比较简单。

　　亮点三：案例详尽真实。除了书中穿插的小案例以外，第十讲完整呈现了五个真实案例，对面试背景、评价标准、面试过程、面试结果进行了详细介绍，同时对面试过程进行了细致的点评和总结，除了总结其中的面试技巧外，还一针见血地指出了其中的缺点。

　　总之，本书为想提升面试技巧的人力资源招聘专员与中高层管理人员量身定制，希望能对大家有所帮助，也请读者朋友们提出意见与建议，以便在本书再版时修正。

2020 年 3 月于羊城

引子：寻找超级面试官

Emily 刚到一家互联网公司担任人力资源副总裁，该公司是一家独角兽企业，但今年的业绩增长遇到了瓶颈，公司正在谋求战略转型。老板希望她能帮助公司提升组织能力，支撑新战略落地。

1. 居高不下的离职率

经过半个月的调研，Emily 发现摆在自己面前的任务之一是解决招聘难、多岗位缺人的问题。Emily 认为凭借自己多年的招聘工作经验，很快就能力挽狂澜，帮助公司度过危机。

可是一个多月过去了，她却为此感到焦头烂额。她发现公司要招聘的职位并不多，但业务部门总是喊缺人。从网上收集来的简历数量很可观，大部分职位信息发布出去，一周内就能收到数十份简历，经过筛选后，每个职位能约到 5 ~ 7 位候选人前来面试。

她让招聘部门做了一个数据分析，发现公司员工的离职率高达 25%，远高于行业平均水平。很多人入职后不到半年就离职了，其中 70% 的离职发生在试用期内，所以招聘部门不是在招人，就是在招人的路上。

负责招聘工作的同事认为，离职率高是因为公司的薪酬吸引力不够。Emily 让薪酬福利部做了一个详细的对比，发现公司提供的薪酬水平处在行业的 70 分位，一些核心岗位甚至达到了 80 分位，所以薪酬低并不是离职率高的主要原因。

她想，一定还有更深层次的原因。

2. 改善措施未见成效

通过进一步的了解，Emily 发现公司没有清晰的面试评价标准，只有一个简单的评分表格；没有明确的面试流程，有时候由人力资源部面试，有时候由业务部门面试；面试时长也不固定，一个多小时或十几分钟不等。HR 和业务经理在选人方面很难达成共识，对于 HR 推荐的候选人，业务部门认为他专业能力不行；而业务部门认可的候选人，HR 又说他的价值观或动机不符合要求。

针对上述问题，Emily 马上召集招聘部门和各业务单元的 HRBP 开会，按岗位梳理出了一套面试评分标准，规范了面试评分表，并对面试流程、面试时长等做出了明确的规定。

看到这些成果，Emily 心想，这下就能解决问题了吧。可是，实施了一段时间之后，员工的离职率仍然居高不下，HR 和业务经理依然会发生争吵。

她只好再找原因。经过分析，她发现这些在试用期内离职的员工，有一部分人是因为不适应岗位工作主动提出辞职的；有一部分人是因为能力与面试表现差距过大而被上司辞退的。上周甚至出现过一件离奇的事情，一位员工周一面试、周三入职、周五离职。

3. 都是面试官惹的祸

Emily 非常郁闷，于是打电话向组织与人才管理专家求助。专家给她的指导意见是："员工离职不一定是钱的问题，也许是因为没有招对人。从技术层面来说，一次成功的招聘需要具备四个因素，分别是科学的评价标准、严谨的面试流程、科学的面试方法、专业的面试评委。"专家认为 Emily 做到了前面两个因素，需要判断后面两个因素有没有问题。

专家的这一点拨让 Emily 感到茅塞顿开。于是她参与了几场招聘面试，发现大部分业务部门的面试官缺乏面试技巧，提问比较随意，凭感觉评价应聘者，不知道怎样判断应聘者表述的真实性……Emily 意识到是时候开展面试官培训了。

4. 老板最需要接受面试官培训

正当 Emily 思考该如何开展面试官培训时，下属说有一位副总裁要离职，这引起了 Emily 的注意，她马上让招聘总监分析高管离职率。由于公司高管人数较少，之前统计全公司员工的离职率时，高管的离职率占比几乎可以忽略不计。现在单独分析高管的离职率，Emily 大吃一惊：高管的离职率接近30%，新入职的高管在一年内基本上都离职了。

Emily 随即和团队成员展开讨论，也在私下和几个业务部门的负责人做了沟通，了解到高管都是董事长利用自己的人脉资源挖过来的，这些人有着共同的特点，即年龄大、资历深、名企从业经验。他们加入公司之后，喜欢按照原来公司的思维方式做事，没有深入了解这个行业和公司的业务，员工对他们的认可度也非常低。另外，高管们年龄较大，学习创新能力下降，思维比较固化，对新鲜事物的接受度低，由于短时间内他们适应不了公司的氛围，也没做出什么业绩，所以只好离开公司。

Emily 意识到了问题的严重性，她把近期调研得出的结果向董事长做了汇报，她建议公司的中高层管理者都要参加面试官培训。董事长听了后略有所思，表示："过去我面试了很多高管，总觉得面试时这些高管表现得光彩照人，招进来之后却发现他们的能力、个性、态度与面试时判若两人，其实最需要参加面试官培训的是我呀。"

5. 开启超级面试官修炼之旅

有了董事长的支持，Emily 马上着手组织培训事宜，她联系了多家培训机构，认真对比了课程内容和讲师资质，最终选择了《超级面试官》这门课程。Emily 将培训信息发布到公司内网上，没想到报名人数比预期高出一倍，达到了上百人。于是，Emily 将他们分成四批进行培训，并在培训之后开展笔试考试和一对一的面试模拟认证。

怎样才能成为一名超级面试官呢？相信大家已经迫不及待地想知道问题的答案了。下面就让我们一起开启超级面试官修炼之旅吧！

目　录

第一讲　超级定位：面试官是个什么官 …………………………001

一、无法被替代的面试…………………………………………002

　　1. 人是存在千差万别的………………………………………002

　　2. 相马比赛马更重要…………………………………………003

　　3. 面试是不可或缺的环节……………………………………004

二、面试成功的关键在面试官…………………………………005

　　1. 面试是个技术活儿…………………………………………005

　　2. 面试官是面试成功的关键…………………………………006

三、别拿面试官不当官…………………………………………008

　　1. 面试官是个什么官…………………………………………008

　　2. 不会面试的管理者不是好领导……………………………009

四、企业面试官队伍建设………………………………………010

　　1. 成功企业都重视面试官培养………………………………010

　　2. 如何进行面试官认证与管理………………………………011

第二讲　超级准备：你要招什么样的人 …………………015

一、用人需求是面试的出发点…………………………………016

　　1. 招人要有清晰的标准………………………………………016

　　2. 适合的才是最好的…………………………………………016

　　3. 看人要看内在品质…………………………………………017

二、像准备约会那样准备面试…………………………………018

　　1. 知己：明确用人需求………………………………………019

2. 知彼：熟知应聘者简历 ……………………………… 020

3. 知他：了解人才市场 ………………………………… 020

三、精准描绘人才画像 …………………………………… 021

1. 向上看：公司现状分析 ……………………………… 021

2. 向前看：公司战略分析 ……………………………… 022

3. 向内看：关键挑战分析 ……………………………… 022

4. 向外看：给人才预定价 ……………………………… 024

四、快速看透一份简历 …………………………………… 027

1. 基本信息：快速了解 ………………………………… 027

2. 工作经历：重点把握 ………………………………… 029

3. 学习经历：适当关注 ………………………………… 031

4. 求职意向：不可忽视 ………………………………… 032

5. 兴趣特长：留意一下 ………………………………… 034

6. 总体分析：必须要做 ………………………………… 035

第三讲　超级流程：面试的起承转合 …………………… 037

一、你那叫聊天不叫面试 ………………………………… 038

1. 不清楚要问什么不问什么 …………………………… 038

2. 不知道先问什么后问什么 …………………………… 039

3. 不明白从哪个角度来提问 …………………………… 040

4. 不了解用什么句式来提问 …………………………… 040

二、什么才是有效的面试方法 …………………………… 041

1. 一张图看懂面试方法分类 …………………………… 042

2. 行为化面试与情景化面试 …………………………… 043

3. 行为面试必须做到情景化 …………………………… 046

三、四段式情景化行为面试法 …………………………… 047

1. 起：找到提问点 ……………………………………… 048

2. 承：挖掘行为事件 …………………………………… 049

3. 转：补充提问 …………………………………………………… 050

4. 合：面试收尾 …………………………………………………… 051

四、面试组织与注意事项 ……………………………………………… 052

1. 三个臭皮匠顶一个诸葛亮 …………………………………… 052

2. 面试多长时间多少次合适 …………………………………… 053

3. 如何营造轻松的面试氛围 …………………………………… 054

4. 如何营造压力面试的氛围 …………………………………… 055

第四讲 超级提问：问对问题才能选对人 …………………… **057**

一、问什么：无效问题与有效问题 ………………………………… 058

1. 什么是无效的面试问题 ……………………………………… 058

2. 什么是有效的面试问题 ……………………………………… 059

二、问什么：面试的关键在关键事件 ……………………………… 061

1. 能力提升来自关键事件 ……………………………………… 061

2. 关键事件来自关键挑战 ……………………………………… 061

三、怎么问：面试提问的超级句式 ………………………………… 063

1. 最简句式：举个例子 ………………………………………… 063

2. 超级句式：关键挑战＋工作重点 …………………………… 064

3. 压力提问：三个注意事项 …………………………………… 066

4. 面试提纲：保障面试结构化 ………………………………… 067

四、怎么问：如何面试各类人才 …………………………………… 068

1. 面试高管：注意三个方面 …………………………………… 068

2. 面试技术人员：把握两个问题 ……………………………… 069

3. 面试应届生：围绕四类经历 ………………………………… 070

第五讲 超级追问：打破砂锅问到底 …………………………… **073**

一、没有追问就没有真相 …………………………………………… 074

1. 大部分应聘者都会伪装自己 ………………………………… 074

2. 掌握行为细节才能了解真相 ………………………… 075

3. 行为细节需要通过追问获得 ………………………… 076

二、应聘者自我包装的五种表现 …………………………… 077

1. 表现一：掺杂水分、抬高身价 ………………………… 077

2. 表现二：夸大业绩、弱化缺点 ………………………… 078

3. 表现三：移花接木、弄虚作假 ………………………… 078

4. 表现四：模糊表达、隐藏真相 ………………………… 079

5. 表现五：回避问题、掩盖事实 ………………………… 079

三、面试追问的三个步骤 …………………………………… 080

1. 第一步：判断是否符合 STAR 原则 …………………… 080

2. 第二步：抓住模糊表达的关键字眼 …………………… 081

3. 第三步：从"5W2H"的角度提出问题 ………………… 082

四、面试追问的七大招式 …………………………………… 083

1. 招式一：查漏补缺 ……………………………………… 084

2. 招式二：刨根问底 ……………………………………… 084

3. 招式三：多多益善 ……………………………………… 085

4. 招式四：旁敲侧击 ……………………………………… 085

5. 招式五：骨里挑刺 ……………………………………… 087

6. 招式六：当面质疑 ……………………………………… 087

7. 招式七：乱序提问 ……………………………………… 088

第六讲　超级观察：炼就一双火眼金睛 ………………… 089

一、借我借我一双慧眼吧 …………………………………… 090

1. 面试察言观色九字箴言 ………………………………… 090

2. 面试官察言观色的关键点 ……………………………… 091

3. 说谎者的常见行为举止 ………………………………… 093

二、听其言：听锣听声，听话听音 ……………………… 094

　　1. 从言谈方式看思维 ……………………………… 094

　　2. 从语速语调看性格 ……………………………… 096

　　3. 口头禅就是心禅 ………………………………… 097

三、观其行：体态语言暴露人的内心 …………………… 098

　　1. 从手势看情绪 …………………………………… 099

　　2. 从握手看修养 …………………………………… 100

　　3. 从坐姿看性格 …………………………………… 101

　　4. 从走姿看气质 …………………………………… 102

四、察其色：确认过眼神 ………………………………… 103

　　1. 人可貌相，相由心生 …………………………… 103

　　2. 体型中的性格心理学 …………………………… 103

　　3. 发型是人的第二张脸 …………………………… 104

　　4. 穿着体现品位 …………………………………… 105

　　5. 表情就是心情 …………………………………… 106

　　6. 你的眼睛背叛了你的心 ………………………… 107

第七讲　超级评价：谁是你的 Mr. Right …………… 111

一、面试评价的六个误区 ………………………………… 112

　　1. 误区一：先入为主 ……………………………… 112

　　2. 误区二：光环效应 ……………………………… 112

　　3. 误区三：感情锚固 ……………………………… 113

　　4. 误区四：相似效应 ……………………………… 113

　　5. 误区五：刻板印象 ……………………………… 113

　　6. 误区六：羊群效应 ……………………………… 114

二、面试评价的六不原则 ………………………………… 114

　　1. 原则一：不要被简历忽悠了 …………………… 114

2. 原则二：不要对应聘者有任何假设·······················115

3. 原则三：不要答案，要过程···························115

4. 原则四：不要放弃细节·····························115

5. 原则五：不要因为急于用人而随意降低标准···········116

6. 原则六：不要把决定权留给下一个人···············116

三、定量评价：紧扣评价指标·····························116

1. 给评价指标分级·································117

2. 尽量找到行为证据·······························117

3. 区分规定动作和自选动作·······················118

4. 深入了解应聘者的背景·························118

5. 谨慎对待负面事件·····························119

四、定性评价：给应聘者画像·························120

1. 应聘者的几种类型·····························120

2. 外行如何判断他是一个牛人·····················121

3. 如何撰写面试评语·······························122

第八讲　超级修炼：面试官的自我修养·············**125**

一、面试官需要避免的行为·························126

1. 负面行为 1：不负责任·························126

2. 负面行为 2：不顾形象·························127

3. 负面行为 3：主观评价·························127

4. 负面行为 4：随意闲聊·························128

5. 负面行为 5：照本宣科·························128

6. 负面行为 6：高谈阔论·························129

7. 负面行为 7：故意刁难·························129

8. 负面行为 8：高高在上·························129

二、面试官，请戴正你的"官帽" ·················· 130

   1. 优秀行为 1：不摆架子 ·················· 130

   2. 优秀行为 2：不露声色 ·················· 131

   3. 优秀行为 3：不带偏见 ·················· 131

   4. 优秀行为 4：不输气场 ·················· 132

   5. 优秀行为 5：不忘身份 ·················· 132

   6. 优秀行为 6：不辱使命 ·················· 132

三、面试官如何做好印象管理 ·················· 133

   1. 面试官中心策略 ·················· 133

   2. 组织中心策略 ·················· 134

   3. 应聘者中心策略 ·················· 135

四、如何成为超级面试官 ·················· 136

   1. 面试方法的新趋势 ·················· 136

   2. 面试官的五大胜任力 ·················· 137

   3. 面试官的五项全能 ·················· 139

   4. 面试技巧的自我修炼 ·················· 140

第九讲　超级发现：快速识别高潜人才 ·················· **141**

一、有小才华 ·················· 142

二、有幽默感 ·················· 144

三、会讲故事 ·················· 146

四、善于提问 ·················· 147

五、长期担任学生干部 ·················· 148

六、名校毕业 ·················· 149

第十讲　超级案例：真实面试现场实录 ·················· **151**

一、某金融集团下属公司总经理招聘面试 ·················· 152

   1. 背景信息 ·················· 152

2. 面试过程 ·························· 153

3. 评价意见 ·························· 158

4. 后续跟踪 ·························· 159

二、某集团人力资源总监招聘电话面试 ·········· 159

1. 背景信息 ·························· 159

2. 面试过程 ·························· 160

3. 面试评语 ·························· 166

4. 后续跟进 ·························· 167

三、某汽车企业 4S 店总经理能力认证面试 ········ 167

1. 背景信息 ·························· 167

2. 面试过程 ·························· 168

3. 评价意见 ·························· 177

四、某银行零售金融部经理内部选拔面试 ········ 178

1. 背景信息 ·························· 178

2. 面试过程 ·························· 179

3. 评价意见 ·························· 183

五、某地产公司项目经理人才盘点面试 ·········· 184

1. 背景信息 ·························· 184

2. 面试过程 ·························· 185

3. 评价意见 ·························· 190

附录一　超级面试官常用胜任力词典 ········· 193

一、胜任力词典结构 ···················· 194

二、胜任力指标定义 ···················· 195

1. 工作动力类 ························ 195

2. 个性特征类 ························ 195

3. 品德素养类 ························ 196

4. 思维能力类 …………………………………………………… 196

5. 人际能力类 …………………………………………………… 197

6. 管理团队类 …………………………………………………… 198

7. 管理任务类 …………………………………………………… 198

8. 管理经营类 …………………………………………………… 199

附录二　超级面试官常用工具图表 ………………………… **201**

一、人才画像表 ………………………………………………… 202

二、面试提纲表 ………………………………………………… 203

三、面试评分表 ………………………………………………… 204

四、录用审批表 ………………………………………………… 206

参考文献 ……………………………………………………………… **207**

第一讲
超级定位：面试官是个什么官

一、无法被替代的面试

招聘工作离不开面试这一环节，一次设计完善、准备充分的深度面试是确保高质量、高效率甄选人才的关键。那么，为什么要进行面试呢？企业可不可以不面试就直接把人招进来呢？答案是否定的，绝大多数企业管理者都不敢这么做。

1. 人是存在千差万别的

众所周知，人是存在千差万别的，有的人聪明，有的人笨拙；有的人勤奋，有的人懒惰……这被称为异质性。

英国古典政治经济学家威廉·配第发现人的差异会导致劳动力存在差异。一个人如果技艺高超，他就可以和许多人抗衡，就能够完成许多能力一般的人需要共同完成的工作。"科学管理之父"泰勒认识到优秀工人与普通工人完成工作时的差异，他建议管理者用时间和动作分析法界定工人的能力构成。

美国心理学家麦克利兰提出的冰山理论，把人的素质划分为"冰山"以上的基准性素质和"冰山"以下的鉴别性素质，其中鉴别性素质包括内驱力、社会动机、个性品质、自我形象、态度等，它是区分绩效优异者与绩效平平者的关键因素。

由于人与人之间存在的差异性，导致不同的人在同样的岗位上会产生截然不同的绩效结果。绩效优异者和绩效平庸者之间的差距，会随着工作的复杂度呈指数级增长，统计结果显示，一位顶级保险推销员的绩效比一般推销员高

2.4 倍，出色的软件开发者或咨询顾问的绩效可以比他们的同行高出 12 倍。

李开复曾表示，人类进入信息社会后与工业社会的不一样之处就是，优秀人才和普通人才的业绩差距不再是 20%、30% 了，而是 5 倍、10 倍甚至 100 倍。

无论是 5 倍、10 倍还是 100 倍，都表明不同水平员工之间的差距非常大。也正因如此，同样的工作由不同的员工来完成，工作绩效就会大不相同。

2. 相马比赛马更重要

由于人与人之间存在着较大的差异性，企业选择合适的人才就变得十分重要了。人选对了，工作就好完成了。正如小米公司创始人雷军说的："如果一个同事不够优秀，很有可能影响到整个团队的工作效率。"如果人才与岗位不能实现最佳配置，就会使员工在完成工作时变得很吃力，这样不仅会分散管理者的精力，增加企业的培训成本，而且会导致较高的离职率，甚至会给企业带来经营管理上的损失和风险。

谷歌公司认为，由优秀人才组成的员工团队，不仅能做出令人满意的成绩，还能引来更多的优秀人才，这就是所谓的"羊群效应"。

当然，选人并不是一件很容易的事情，单从招聘时间上说，企业招聘一名普通员工通常需要花费 15 ～ 30 天，招聘一名经理需要花费 30 ～ 45 天，招聘一名总监级别以上的管理人员需要花费 60 ～ 90 天……有时候，即使付出了很多的时间和精力，还不一定能招到合适的人。例如，某家互联网金融企业的首席财务官离职后，尽管老板给出了远高于行业平均水平的薪酬，但是耗时一年都没有招到合适的人才。

员工离职，有时会给企业造成巨大的损失。某权威机构的调查结果显示，普通员工离职时，企业承担的直接成本是员工总收入的 1.3 倍，而管理人员离职，企业承担的直接成本则是其总收入的 2.5 倍。不仅如此，人才流失还有可能会造成商业机密的泄露，并影响企业声誉和团队士气。

正因为选人如此重要，面试作为选人过程中不可或缺的环节，受到了很多企业管理者的高度重视。

> [**案例**] 阿尔弗莱德·斯隆是现代公司制、事业部制和职业经理人的开创者，尽管经历了大萧条和第二次世界大战的冲击，他仍然成功地管理了通用汽车公司约40年。彼得·德鲁克认为，斯隆成功的一个关键原因就是他亲自挑选了通用汽车公司的每个管理人员，上至生产经理、工程经理，下至机械工长，甚至小配件部门的主管。

这样的案例数不胜数，乔布斯将一年中大约四分之一的时间用于招募人才，他一生参与过5 000多人的招聘工作，招到了一流的设计师、工程师和管理人员，并组建了"A级小组"，这个小组一直是乔布斯最核心的团队。杰克·韦尔奇会面试通用电气公司前125名的管理人员候选人。百事可乐总裁伟恩·卡洛维会亲自面试前500个重要岗位的申请人。滴滴出行创始人程维说："我每天把30%的时间和精力用于面试，面试工作是第一优先级的……所有总监级以上的应聘者我都要见。"

3. 面试是不可或缺的环节

面试是面试官与应聘者进行面对面观察和双向沟通，由表及里地考察应聘者相关能力素质的一种测评方法（如图1-1所示）。

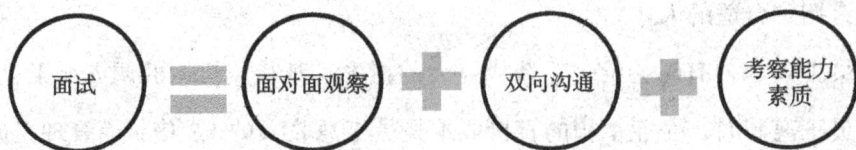

图1-1　什么是面试

面试具有以下两个特点。

第一，面试可以全面考察应聘者的素质。我们经常说百闻不如一见，面试官通过与应聘者的面对面交流，可以考察到应聘者在笔试、在线测试中表现不出来的素质，如形象气质、表达能力、自信心、情绪控制能力、亲和力等。从理论上讲，只要精心设计、时间充足，面试官就可以通过面试考察出应聘者的绝大部分素质特征。如果在面试中引入无领导小组讨论、角色扮演、管理游戏等情景模拟的测评手段，面试官还可以获取更加全面丰富的信息，考察应聘者更多的综合能力。

第二，面试能增进双方的相互了解。面试给企业和应聘者提供了双向交流的机会，促进了双方的相互了解，使双方可以更准确地做出聘用与否、受聘与否的决定。就像在谈恋爱时，单凭媒人介绍或网上聊天，你们不可能马上确定恋爱关系，一定要两人见面了，心里才踏实。

正因如此，面试是招聘中使用最为广泛、不可或缺的一种人才测评方法，而且在大多数情况下企业将它作为把关的终极测评方式。

原华为人力资源副总裁吴建国认为，所有测评工具都是辅助手段，只有面试才是关键的甄别手段。

二、面试成功的关键在面试官

1. 面试是个技术活儿

作为招聘过程中的关键一环，面试首先是个体力活儿。遇到应聘者较多的时候，如校招时期，面试官一坐就是一整天，坐久了容易腰酸背痛，非常辛苦，在这么大的体力消耗下，面试官还要保持清醒的头脑和高度集中的注意力，这是一个很大的挑战。但真正的挑战之处在于，面试是个非常有技术含量的工作。

由于人的复杂性，加之网上充斥着各种"面经"，使得"面霸"满天飞，各种应试套路层出不穷，所以面试官要有效识别应聘者信息的真假、快速准确地考察应聘者的真实水平。

在面试过程中，面试官既要认真倾听应聘者讲述的内容，观察他们的微表情和肢体语言，还要思考怎么提问、追问，大脑要接收、处理、输出海量的信息，脑细胞需要高速运转。

如果是批量化面试，在面试一人之后，下一个人马上就要进场，这中间面试官既没有太多的时间和其他面试官交流观点，也没有太多的时间思考如何评分和写评语，就要马上切换状态，进入下一位应聘者的面试过程中。这时面试官就像驾车行驶在高速公路上的司机一样，需要集中精力、全神贯注。

2. 面试官是面试成功的关键

许多用人部门和 HR 常常产生这样的烦恼：难以考察到应聘者的真实能力，千辛万苦地从大批应聘者中挑出的人选往往无法通过试用期。这样的结果就说明，面试出了问题。

从技术层面看，面试官应通过科学的方法，从应聘者中快速、准确地找出知识、经验、能力、个性、动机等符合岗位要求的人选，实现人岗匹配，降低企业的用人风险。提高面试效能需要具备以下四个要素，如图 1-2 所示。

第一，要有清晰的评价标准。如果面试没有标准，或者标准不清晰、不统一，就会造成两个方面的问题：一是招聘效率得不到保障，因为面试官不知道什么样的人是合适的，什么样的人是不合适的，这会浪费许多时间和精力；二是难以保证招聘质量，HR 把人招进来之后，该员工的能力素质达不到岗位要求，用人部门不满意，导致公司的离职率居高不下。因此，构建清晰的人才标

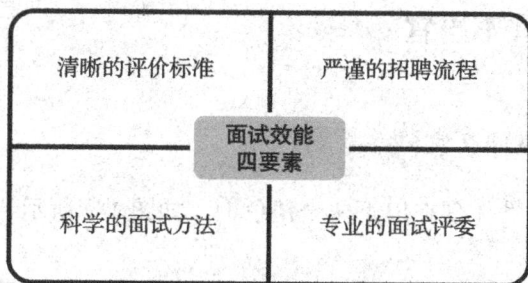

图 1-2　面试效能四要素

准是提高面试效能的前提条件。

第二，要有严谨的招聘流程。招聘流程要衔接合理，设计几轮面试、谁来面试，谁先面试、谁后面试，都需要企业进行科学设计。一般而言，招聘岗位的层级越高，流程越需要人性化。如果是规模较大的招聘，面试官可以采取逐轮淘汰的方式。此外，有效的简历分析和筛选技术、招聘管理系统的运用，都可以迅速排除明显不合格的应聘者，大大提高招聘效率。

第三，要有科学的面试方法。从理论上说，面试工具越多就能越全面、准确和深入地考察应聘者的能力素质，但是企业必须考虑成本和精力问题，因此选对工具很关键。一般而言，层级越高、岗位越重要，面试时所用的工具应越多、越高级，反之亦然。

第四，要有专业的面试评委。面试官要有较强的观察力和判断力，具有丰富的面试经验，熟练掌握提问和观察的技巧。**亿康先达合伙人费洛迪曾提到，最好的面试官的预测有效性是最差面试官的 10 倍**。面试官还要具有良好的职业素养，能认真对待每一位应聘者，克服招聘过程中的各种偏见，耐心为应聘者提供服务和帮助，为招聘工作把好关，为公司树立良好的企业形象。

综合上述四个要素可以看出，面试官是面试成功的关键所在。

三、别拿面试官不当官

1. 面试官是个什么官

面试官的重要性体现在以下两个角色上，如图 1-3 所示。

图 1-3　面试官的两个重要角色

首先，面试官是人才流入的质检员。应聘者想要进入他心仪的企业、获得心仪的职位，必须先从面试官手里拿到"放行条"。面试官之所以被称为"官"，是因为他们手中掌握了是否录用应聘者的决定权，会对企业能否招聘到优秀人才产生重要的影响。因此，面试官是企业人才流入的质检员。优秀的面试官能为企业招聘到优秀的人才，如果面试官不合格，对人才没有进行严格的把关，不合格员工就像没有质检把关的问题产品一样流入企业，为企业带来直接或间接的经济损失。由此可见，面试官是企业创造人力资本价值的关键角色。

[**案例**] 创立小米公司的第一年，雷军花了至少 80% 的时间招聘员工。在小米创办的前两年，小米团队从最开始的 14 个人，扩展到约 400 人。团队成员的平均年龄为 33 岁，大部分员工来自谷歌、微软、金山、摩托罗拉等知名公司，并拥有 5 ~ 7 年的工作经验。雷军说："如果你招不到人才，那是因为你投入的精力不够多。"当时雷军每天把一半以上的时间用来招募人才，前100 名员工在入职时都与雷军面对面地沟通过。有一次在面试一个硬件工程师

时，整个面试过程持续了 12 个小时。

其次，面试官是企业形象的代言人。面试官往往是应聘者接触企业的第一人，因此面试官在一定程度上就是企业形象的代言人。他们在面试过程中体现出的专业素养，直接影响到应聘者对企业是否会产生好感。不专业的面试官会使公司历经多年树立的企业形象毁于一旦，HR 花费大量时间和精力吸引到的优秀人才，也会因为不专业的面试官而放弃再次面试或工作的机会。

[案例] 某互联网公司招聘高级专业人才，猎头向其推荐了一个业内知名的候选人，按照公司面试流程，先由招聘总监与候选人进行电话沟通。由于临近年底，工作较忙，双方约了三四次面试时间，招聘总监都爽约了。后来双方终于约好了时间，招聘总监却边开车边与候选人进行电话面试。公司对该位候选人的能力非常满意，准备安排下一轮面试，候选人却拒绝了，原因是从面试安排来看，公司的管理非常不规范，不够尊重人才。

2. 不会面试的管理者不是好领导

我们常说管理的核心就是管人，而管人最重要的方面就是识人，面试作为一种常用的识人手段，自然就是一项最基本的管理技能。直线经理作为选人用人的主体，其面试能力直接决定了公司的选人质量。如果管理者没有掌握较高的面试技能，很难想象他的管理水平会有多高。

谷歌公司 CEO 埃里克·施密特曾经说过："**对于管理者而言，工作中最重要的事情就是招聘人才。**"华为公司轮值董事长郭平认为，高级主管要有求贤若渴的意愿，主动投入时间和精力去找人，更要有识别人才的能力。因此，作为选人的主体，所有业务线的管理者（包括 CEO 和 VP）都应当修炼成为超级面试官。

然而，很多公司的高级管理者却不太重视人才招聘工作，不愿意花时间来面试，这样导致的后果就是不仅招聘不到优秀人才，而且给公司带来了巨大的损失。费罗迪曾表示："**大多数公司用 2% 的精力招聘，却用 75% 的精力弥补当初错误招聘造成的失误。**"

[**案例**] 有一家公司的 CEO，他的战略眼光、商业思维都是一流的，但有一个弱点，就是不会面试。他在面试的时候，只看重应聘者的学历、资历等，却不会辨别真伪，经常把一些会"忽悠"的人招进来，结果他们并不能创造好的业绩。所以，尽管这位 CEO 对行业发展趋势比同行看得更远、洞察得更深，比同行早一步进入新的领域，但是由于他在招人方面有明显的短板，所以公司的业绩总是停滞不前，无法突破瓶颈。

除了在招聘的过程中会用到面试技巧外，管理者在与员工进行内部竞聘约谈、人才盘点、绩效面谈的过程中，也会用到一些提问的方法，因此掌握面试技巧对于企业中高层管理人员和 HR 来说都是非常重要的。

四、企业面试官队伍建设

1. 成功企业都重视面试官培养

既然面试官如此重要，那么企业对面试官给予了足够的重视吗？对面试官的管理投入多吗？给面试官提供的培训机会多吗？

由于面试官只是一个角色，而不是一个固定的职位，因此，许多企业并不十分重视对面试官的管理。

许多企业没有规定担任面试官的标准，具备何种资质和水平的面试官可以面试哪种级别的应聘者，怎样才能获得担任面试官的资格。这种管理上的混乱导致面试质量得不到保证。

　　企业新录用的员工达不到岗位要求，原因很大程度上在面试官身上。正因如此，很多成功企业十分重视面试工作，也十分重视对面试官的选拔与培养。

　　在麦肯锡公司，所有面试官都要经过培训、得到认证，还要通过资深面试官的考察，才能持证上岗。上岗后，初级面试官不能自己设计面试题，要通过案例库里的案例来考察候选人，并严格按照指定的考察角度对候选人进行评分。

　　谷歌公司有专门的招聘委员会和面试官委员会。即使招聘经理已通过了面试培训，他也只是获得了撰写面试报告的资格。真正的面试决定都是由招聘委员会做出的。

　　[案例] 为了保证招聘效果，华为公司建立了面试资格人员管理制度，对所有面试官进行培训，考核合格者方可获得面试资格。每年，公司会对面试官进行资格年审，考核把关不严者将被取消面试资格。华为公司认为，面试官是公司招聘人才的第一道门槛，如果这些人的自身素质都很一般，那么他们怎么能独具慧眼地选拔出公司需要的优秀人才呢？通过三年的努力，华为公司的人才识别率从 30% 提高到了 50%。

2. 如何进行面试官认证与管理

　　为了提高企业选人用人的水平，人力资源部要帮助公司建立专业的面试官队伍。不同的公司有不同的面试官选拔标准，但标准的制定一定要与公司的战略、价值观、行业特征、岗位特点相匹配。

　　面试官的认证形式有以下四种，如图 1-4 所示。

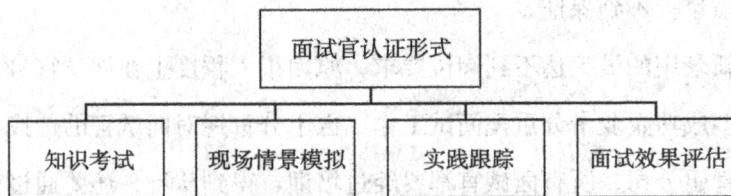

图 1-4　面试官认证的四种形式

第一是知识考试认证。公司集中进行面试官应知应会技能笔试，以此考察面试官对面试知识与技能的掌握程度。

第二是现场情景模拟认证。模拟真实面试场景，考察面试官的面试实操技能。

第三是实践跟踪认证。HR 可在日常面试环节中观察面试官，或由面试官提供面试录音，以此判断面试官的技能水平。

第四是面试效果评估认证。以复试通过率或试用期员工流失率等数据，对面试官的技能进行认证。

以上四种形式中，第一种最简单，第四种最复杂但效果最好，这四种形式既可以结合起来使用，也可以单独使用。具体采用何种认证方式，企业需根据自身情况决定。

根据面试效能四要素，系统性的面试官认证与管理可按图 1-5 所示的思路进行。

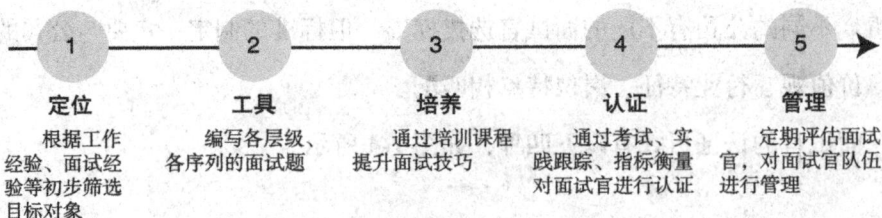

1	2	3	4	5
定位	**工具**	**培养**	**认证**	**管理**
根据工作经验、面试经验等初步筛选目标对象	编写各层级、各序列的面试题	通过培训课程提升面试技巧	通过考试、实践跟踪、指标衡量对面试官进行认证	定期评估面试官，对面试官队伍进行管理

图 1-5　面试官认证与管理流程

[**案例**] 龙湖地产公司要求面试官必须接受过公司组织的招聘面试技巧培训，对初试官的司龄要求是半年以上，职级为3级以上即主管或业务骨干；对复试官的司龄要求是一年以上，职级为5级以上即部门经理。对初试官每半年评估一次，要求其参与面试次数不少于20次，如果复试通过率低于30%则取消面试资格。每年对复试官进行一次评估，总经理交流通过率低于30%即取消资格。

第二讲
超级准备：你要招什么样的人

一、用人需求是面试的出发点

1. 招人要有清晰的标准

很多年前，我曾写过一篇名为"人力资源管理就像谈恋爱"的文章[①]。其实，人力资源管理中最像谈恋爱的环节就是招聘面试，它们有很多的相通之处：谈恋爱最大的烦恼是爱我的人我不爱、我爱的人不爱我，招聘面试最大的烦恼是我要的人不来、来的人不是我要的；谈恋爱与招聘面试都是双向选择，需要双方情投意合才能走到一起。

许多人常常叹惜找不到一个值得爱的人，一些企业也在为招不到合适的人而烦恼。这对企业和个人来说，都是一件非常难的事情。个人可以望穿秋水地等，企业却没办法长期空着岗位。那么，怎样才能找到那个合适的人呢？

最重要的就是要有清晰的评价标准，也就是明确胜任该岗位的人需要具备哪些特点。

2. 适合的才是最好的

企业必须根据自身条件和环境制定招聘标准，因为找错对象很痛苦，招错人才也很麻烦。

在人力资源管理中，企业招聘人才时要做到匹配，不仅要人岗匹配，还要

---

① 该文发表在《中外管理》2013 年 7 月刊。

保证人与文化匹配、人与战略匹配，因为只有适合的才是最好的。对于那些与企业不匹配的候选人，不管他有多么优秀，企业都要坚决、勇敢地舍弃。否则，既是对企业的不负责任，也是对候选人的不负责任。

[案例] 某快消品企业前几年的业务发展十分迅猛，由于管理方面的原因，近年来企业的业务增长遇到了瓶颈，为此公司从同行业的知名企业中挖来了多位高管。其中有一位营销副总裁的履历非常丰富，在多家大企业担任过营销高管的职位，在业内也有一定的知名度，老板希望他能帮助公司打造一支销售铁军，使公司能够突破瓶颈，在业绩方面取得进一步的增长。该营销副总裁入职后，按照原来在成熟大企业的思路开展工作，很多做法与公司的实际情况不符，造成下属的严重不满，导致变革遇到严重阻力，业绩也不理想，最终他不得不离开。

3. 看人要看内在品质

在与恋爱对象初次相识时，人们通常会被对方的外形和条件迷惑，如长得帅不帅、钱多不多等，这就是冰山模型中的"冰山以上"的指标。在对候选人的评价中，"冰山以上"的指标包括知识、经验、技能等外在特征，这些相对比较容易被发现。但事实证明，骑白马的不一定是王子，也可能是唐僧，外在表象并不能代表一个人的全部。所以，企业要找到那些能够促使个人做出优秀表现的核心素质，如责任心、爱心、诚实等，在人力资源管理素质模型中，体现为深藏在"冰山以下"的指标，如能力、个性、动机、价值观。它们比较难以考察，不会轻易受到外界的影响而发生改变，但对人的行为与表现起着关键性的作用。这就是我们常说的"欣赏一个人，始于颜值，敬于才华，合于性格，久于善良，终于人品"。无论是谈恋爱，还是招聘人才，我们都应该重点关注"冰山以下"的指标（如图 2-1 所示）。

图 2-1　冰山模型新解读

华为公司每年都会从高校和社会上招聘大量的人才，他们最注重的是应聘者的素质、潜能和品格，其次才是经验。阿里巴巴前首席人才官邓康明表示，阿里招聘新员工时，主要看他们是否诚信、是否能融入企业、能否接受企业的使命感和价值观，业务能力并不是最重要的。

[案例] 阿里巴巴公司在创业早期（2006 年前后）曾引入了很多"高手"，包括一些来自 500 强企业的国际级人才。后来，这批人中的绝大部分都离开了阿里巴巴。"空降兵水土不服"的主要原因就是文化与价值观的排斥。

面试官是一个服务性的角色，客户是企业的用人部门，用人需求是面试官工作的出发点。但是在很多时候，面试官并没有真正理解用人部门的需求，导致面试官选出来的人才并不是用人部门想要的。

二、像准备约会那样准备面试

既然招聘就像谈恋爱，那么面试就好比约会。去见你的恋人时，你是不是要精心打扮一番呢？同样的道理，作为一名超级面试官，在面试前也需要做好充分的准备，具体如图 2-2 所示。

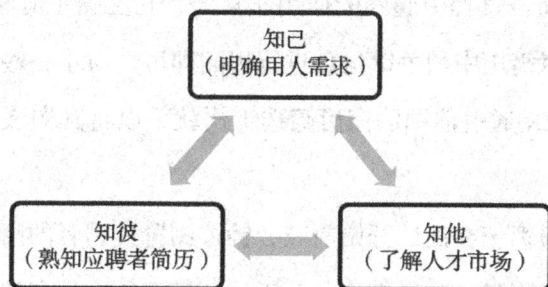

图 2-2　面试官要做的三项准备工作

1. 知己：明确用人需求

面试官要知道自己想要什么样的人，也就是明确用人需求。通常来说需求包括以下两个方面。

（1）企业需要什么样的人？这是"软"的素质，包括性格、态度、兴趣、价值观等，它由企业文化决定。换句话说就是，选人是要求德才兼备、以德为先还是以才为先，企业文化是强调个性突出还是团队合作，团队是开拓型的还是稳健型的，等等。

（2）岗位需要什么样的人？这是"硬"的条件，人力资源部门通过职位分析明确该岗位的任职者需要具备的学历、年龄、经验和技能等。

只有明确了上述要求，面试官才能做到心中有数，才能用心中的这把"尺"衡量每一位应聘者。

员工的素质和能力直接关系到团队的工作绩效，不管是用人部门，还是招聘部门，都必须对该职位需要什么样的人了然于胸。

2. 知彼：熟知应聘者简历

简历在招聘面试过程中起到的作用非常大，它涵盖了应聘者的基本信息，面试官只需要针对简历中的关键信息进行提问即可。对于一些明显不符合岗位要求的应聘者，HR 通过前期的简历筛选工作就可以将其淘汰，这样能够大幅提高面试效率。

一些面试官习惯于在面试开始前三分钟才浏览应聘者的简历，由于对应聘者的背景资料了解不足，这样做难免会影响面试评估中的有效性和公正性。为了保证面试工作的有效进行，面试官应提前阅读应聘者的简历，以便更充分地了解应聘者的信息。

3. 知他：了解人才市场

大部分企业都忽略了对人才市场的了解，这也是企业招聘工作不成功的原因之一。面试官知道自己需要什么样的人，也知道对方是什么样的人，但不知道在市场上有多少类似的人才，同类型人才的薪酬水平如何。所以面试官给出的条件并不能吸引他，或者与他的期望值不匹配。因此，面试官非常有必要了解该类人才在市场中的状况。

[案例] 一家集团型企业要招聘财务总监，该公司总部在惠州，而候选人在深圳。面试之后，候选人非常符合企业的要求，也愿意加入该公司，但在沟通薪酬时双方产生了分歧。该应聘者目前年薪为 60 万元，要求"跳槽"到该公司后年薪涨到 80 万元，而该公司老板的心理价位是 50 万元，双方僵持不下。后经专业人士沟通双方才了解到，在惠州很难找到与这位应聘者同等能力水平的人才，但是年薪 60 万元以上已属于高价位，要求企业给到 80 万元的年薪非常难，而 50 万元的年薪也确实难以帮助企业吸引到优秀人才。经过这样的分析，双方消除了分歧，明确了一个双方都能接受的薪酬水平，该候选人顺利入职。

三、精准描绘人才画像

精准描绘人才画像是超级面试官必须提前做好的一项重要工作。所谓人才画像，就是面试官希望应聘者具备哪些特质，未来的工作该有怎样的表现；应聘者在未来的工作中会遇到哪些障碍和挑战；要克服这些障碍和挑战，应聘者必须具备何种能力。只有明确了这些内容，面试官才能更好地设计面试问题，更有效率、更有针对性地考察应聘者。一般而言，一个完整的人才画像需要从以下四个方面来推导，如图 2-3 所示。

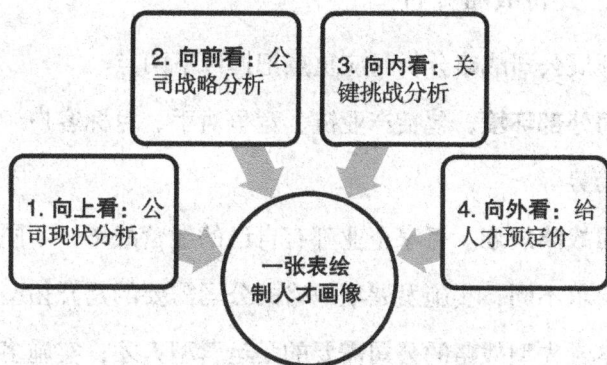

图 2-3　精准描绘人才画像的步骤

1. 向上看：公司现状分析

公司现状分析主要基于以下三个方面展开。

第一是公司经营现状，包括财务效益、资产营运现状、偿债能力、发展能力。关键指标有营业额、毛利率、现金流、资产周转率、资产负债率、增长率、市场占有率等。

第二是公司发展历程。每家企业都有一个生命周期，面试官要了解公司目前正处于哪个发展阶段。不同发展阶段对人才的要求是不同的：从 0 到 1，需要的是创业型人才，善于建立新的模式；从 1 到 N，需要的是开拓型人才，善于建章立制；从 N 到 N+，需要的是运营型人才，注重细节管理和规范化运营；从 N+ 到 N++，需要的是变革型人才，帮助企业打破原有边界进行转型升级。

第三是公司人才现状，主要指公司目前的人才存量，是否存在青黄不接、人才断层的现象？在关键岗位是否建立了继任者计划？人才的能力是否跟得上公司的发展速度？各层级、前中后台、各事业板块之间、区域之间的人才密度是否与公司战略相匹配？

2. 向前看：公司战略分析

面试官在开展公司战略分析时应重点把握以下两点。

第一是公司外部环境，包括产业链、竞争对手、目标客户、主要产品及服务、行业发展趋势等。

第二是公司战略规划。每家企业都有自己的经营战略，不同的战略对人才的数量和质量要求不同：实施发展型战略的公司需要的是开拓型人才；实现稳定型战略、成本领先型战略的公司需要的是运营型人才；实施多元化战略的公司需要的是复合型人才；实施差异化战略的公司需要的是创新型人才。

针对以上这两点，面试官需要有一个基本的定性分析，即招聘一个员工不能只从岗位需求出发，而是要站在企业和行业的更高层面考虑。换个角度看，如果面试官不做这些分析，就没有办法向目标候选人介绍企业，或者展示企业的优势。例如，面试官想用"事业留人"这点来吸引优秀人才加盟，就必须了解公司的后续业务规划，以及对应业务的经营策略。

3. 向内看：关键挑战分析

关键挑战分析主要从以下三个方面入手。

　　第一是岗位工作重点。要分析一个岗位，首先要分析该岗位的职责。在这些岗位职责中，有的职责是工作重点，有的则不是。最简单的区分办法就是梳理出这个岗位的关键绩效指标，选取 3～5 个即可。

　　第二是岗位关键挑战。所谓关键挑战，就是这项工作的难点。不同的工作挑战对人才的能力提出了不同的要求，关键挑战也是面试官提问的出发点，所以它是人才画像梳理的重中之重。关键挑战可以与关键绩效指标对应起来思考。一个关键绩效指标可能对应多个关键挑战，两个绩效指标也可能对应同一个关键挑战。面试官针对一个工作岗位梳理 3～5 个关键挑战即可。需要注意的是，关键挑战不是谈表面现象，而是要找到现象背后难以解决的问题，如某公司员工流失率高是一种表面现象，而这一现象是由于利益分配不公平、不合理造成的，那么工作的难点就是建立公平合理的薪酬体系。

　　第三是核心能力分析。基于岗位工作重点和岗位关键挑战，可以推导出该岗位人员需要具备的核心能力，选取 3～5 个核心能力指标即可。

　　[案例] 某公司总经理的关键绩效指标包括销售额、回款额、利润、人均销售额、人员流失率，也就是说，他的岗位工作重点是谈订单、催回款、保利润、提人效和留人才。岗位的关键挑战有产品缺乏竞争力、销售人员能力不足等。公司要完成年度经营目标，需要员工具有较强的经营能力和追求卓越的精神；产品竞争力不足、薪酬机制不科学，需要管理者拥有创新变革的能力；销售人员素质参差不齐，需要销售经理有团队发展能力……因此，公司总经理的核心能力为经营意识、团队发展、创新变革、追求卓越（如表2-1所示）。

表 2-1　关键挑战分析表

岗位	公司总经理
关键绩效指标	销售额、回款额、利润、人均销售额、人员流失率
岗位工作重点	完成年度经营目标 提高人均销售额 降低人员流失率
岗位关键挑战	产品竞争力不足，缺少爆款产品 销售人员素质参差不齐 销售人员薪酬激励机制不科学
核心能力要求	经营意识、团队发展、创新变革、追求卓越

4. 向外看：给人才预定价

面试官在绘制人才画像时会向应聘者提出一系列的要求，但有些时候却没有提供与之相匹配的薪酬待遇。招聘是一个双向选择的过程，企业给出的价位，决定了招聘人才的水平。如果候选人提出的薪酬要求高于面试官的心理价位，那么面试官可以有三种选择：一是放弃候选人，二是降低招聘标准（即非核心招聘条件），三是提高薪酬水平。面试官给人才预定价，可以优化调整人才画像，使其更加符合市场行情，更有竞争力。

[**案例**] 某科技公司要招聘一名研发工程师，研发部经理提出了 7 ~ 8 项的招聘要求，如 985 学校毕业、专业对口、有 3 年以上集成电路研发工作经历，从事过汽车领域芯片开发工作……研发部经理为该职位设定的年薪为 20 万元。招聘经理发现符合上述条件的应聘者基本上都要求 30 万元以上的年薪。经过沟通，研发部经理同意将 985 学校降低到 211 学校，去掉从事过汽车领域芯片开发工作的要求……最后招聘经理终于以 20 万元的年薪招到了合适的研发工程师。

总结如下。

一套完整的人才画像由基本资格和能力素质两部分组成，每个部分又细分为很多细项。

基本资格包括知识、所学专业、技能、关键历练，有时候年龄也是选人的重要参考因素。基本资格要求是严格还是宽松，取决于企业在人才市场上的影响力和招聘人力成本之间的平衡，如果公司的品牌知名度高，可以要求严格一些，否则太多的不符合要求的人选进入面试环节就会累死 HR。

知识是指一个人在某个领域内掌握的信息总和，可以通过阅读、培训来获得，如人力资源基础知识、档案管理知识、统计分析知识等。知识可以分为专业知识、管理知识，经验也属于知识的范畴。

技能分为基础工作技能和专业技能两种。基础工作技能是指一些基本的办公技能，如计算机操作技能、外语水平等；专业技能是指与专业相关的工作技能，它与专业能力的区别在于，专业技能更偏重于操作层面，而专业能力更偏重于思维层面。技能只能通过实践和反复练习获得。

关键历练是指一个人处理过哪些与岗位相关的重要事情，包括相近岗位工作经历、带团队的工作年限。例如，有协助处理危机事件的经历（如供应商协调、业主投诉、现场突发事件等）；有接手一个及以上所负责专业存在重大问题的项目，并成功扭转不利局面的案例（如进度落后、成本超支等）。

能力素质由能力、个性、动机三个层面组成，体现为通常说的能不能、合不合、愿不愿。

处于第一个层面的是能力，它决定了个体"能不能"做某项工作。能力包括综合能力、管理能力和专业能力。

处于第二个层面的是个性，是指员工适不适合从事某项工作。个性既包含先天的因素，也包含个体在后天成长过程中逐渐形成的性格特征。个性一旦形成，在相当长的时间内是非常稳定的，其对个体行为的影响也是相当深远的。

处于最底层的是动力,它决定了个体"愿不愿"做某项工作。动力可以细分为价值观、兴趣和品德。由于很难考察价值观和品德,在这里我们主要关注职业兴趣。兴趣是指个体从事某类工作的意愿。

[**案例**]仍以前文的某公司总经理为例,我们根据关键挑战分析梳理出销售总监的人才画像,如表 2-2 所示。

表 2-2　某公司销售总监人才画像样例

岗位名称		销售总监
岗位工作重点		1. 完成年度经营目标 2. 提高人均销售额 3. 降低人员流失率
岗位关键挑战		1. 产品竞争力不足,缺少爆款产品 2. 销售人员素质参差不齐 3. 销售人员薪酬激励机制不科学
任职资格	年龄	28 岁 ~ 40 岁
	学历	本科以上
	工作经历	5 年以上
	专业资格	无
能力素质	知识	1. 熟悉本行业的外部环境和发展趋势 2. 了解竞争对手的产品特点与营销方法
	技能	掌握销售管理的基本技能
	关键历练	1. 做过一线销售员并取得过优秀的业绩 2. 从零开始组建团队并带领团队实现业绩增长
	胜任力	经营意识、团队发展、创新变革、追求卓越
	个性特征	开放包容,抗压能力强,追求高目标
	职业兴趣	喜欢与人打交道
什么样的人一定不会要		缺乏目标感的人,不会带队伍的超级业务员
什么样的人会优先考虑		1. 曾经将业绩较差的销售员培养成为销售高手 2. 有本行业的工作经验
定薪		年薪 50 万元 ~ 80 万元(税前)

根据经验，明确了"什么样的人一定不会要""什么样的人会优先考虑"这两项内容，人才画像将会更加清晰明了，更能帮助面试官准确地招聘到合适的人才。"什么样的人一定不会要"通常指向先天素质，"什么样的人会优先考虑"通常以任职资格和知识、经验、技能为主。

四、快速看透一份简历

面对大量简历，招聘人员能否在较短的时间内挑选出合适的应聘者进入下一轮测试，对于有效招聘具有决定性意义。

一些面试官在拿到一份简历时，并不知道该从何看起，先看什么、后看什么，重点看哪些内容。在面试的过程中，面试官没有太多的时间阅读和分析简历，特别是在校园招聘季，面试节奏非常紧张，因此面试官必须能够在较短的时间内读透简历。图2-4列举了快速阅读简历的六个技巧，可以为面试官提供一些具体指导。

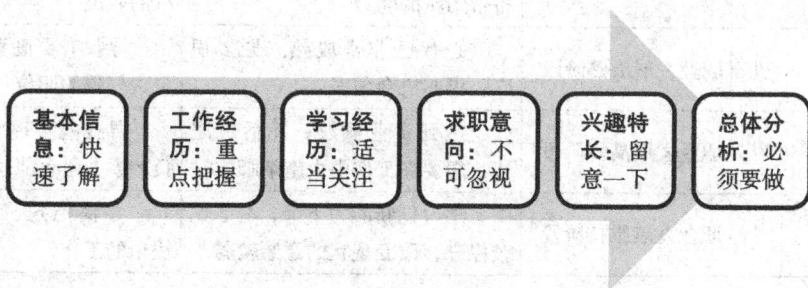

| 基本信息：快速了解 | 工作经历：重点把握 | 学习经历：适当关注 | 求职意向：不可忽视 | 兴趣特长：留意一下 | 总体分析：必须要做 |

图2-4　快速阅读简历的六个技巧

1. 基本信息：快速了解

面试官快速了解应聘者的基本信息即可，不必花费过多时间。主要了解以下几个基本信息。

（1）**性别**。不同的岗位，对性别有不同的要求，如一些工作环境较差、有体力要求的岗位多要求员工为男性。另外，公司或部门人员的性别结构也是一个重要的考虑因素，如某部门目前以男性为主、女性较少，在招聘时面试官就可以多关注一下女性应聘者。此外，如果应聘者是已婚未育的女性，面试官要考虑其接下来可能面临休孕产假，需要有继任人选。

（2）**年龄**。一般来说，应聘者的年龄不会造假，面试官把应聘者的年龄与其工作经历、婚姻状况、子女情况等因素综合考虑，可以推导出其求职动机。不同年龄段的应聘者，其求职动机也不同，具体如表2-3所示。

表2-3 不同年龄段应聘者的求职动机

年龄段	所处阶段	基本状况	求职动机
25岁及以下	职业定位摸索阶段	工作经验不足，心态比较浮躁，跳槽率较高	寻找有更多学习锻炼机会的工作
26岁～30岁	职业定位形成阶段	积累了一定的工作经验，心态较为稳定	寻找有更大发展空间的平台
31岁～35岁	职业发展上升阶段	积累了丰富的工作经验，具备带团队的能力	寻找能带领更大团队的职位
36岁～40岁	职业发展成熟阶段	心智已非常成熟，见多识广，求职机会增多	寻找有更高薪酬和更大权限的职位
41岁～50岁	职业发展高峰阶段	达到事业巅峰，无后顾之忧，想要在工作中大施拳脚	寻找能实现理想抱负的事业平台
51岁以上	职业发展维持阶段	学习创新能力下降，心态比较保守，改变现状的意愿较弱	寻找稳定、轻松、快乐的工作

（3）**学历**。面试官主要关注两个方面：第一是学历的真伪，第二是学历的就读形式，是全日制还是在职？是自考还是远程教育？是毕业证还是结业证？尤其要分辨那些国外院校的毕业证书。

（4）**居住地**。通常而言，企业应当选择那些家庭住址离工作地点近的应聘者，特别是对于已婚有子女的员工。有的人有意向回到户口所在地工作，面试官要问一下应聘者是否有这方面的想法；有的人想把户口从外地转到发达城市，如果公司有调转户口的福利政策，就可以作为吸引优秀人才的一种策略。

2.工作经历：重点把握

工作经历是人的第二学历，是影响面试决策的重要部分，它决定了应聘者的知识、技能与经验能否胜任该岗位。因此，这一部分是面试官阅读简历的核心，需要重点关注如图 2-5 所示的八个要点。

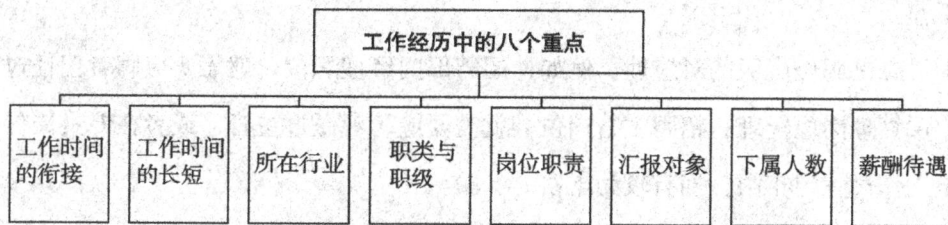

```
┌─────────────────────────┐
│    工作经历中的八个重点    │
└─────────────────────────┘
```

| 工作时间的衔接 | 工作时间的长短 | 所在行业 | 职类与职级 | 岗位职责 | 汇报对象 | 下属人数 | 薪酬待遇 |

图 2-5　工作经历中的八个要点

（1）**工作时间的衔接**。工作经历体现了一个人的职业发展曲线，代表了其工作与生活状态。工作时间与教育时间是否重合。这方面主要是考察应聘者的毕业时间、全职工作还是兼职工作、全日制教育还是在职进修等。要特别注意两者的重合、矛盾、空当之处。

（2）**工作时间的长短**。主要考察应聘者的工作稳定性，1 年内转换工作是较为频繁的，有些不太正常，1 ~ 2 年是比较正常的，3 ~ 5 年是最佳的转换工作时间。如果某个人以前工作比较稳定，最近几份工作转换频繁，说明之前工作与其较匹配，其最近正处于职业探索期，面试官需要特别注意这一类应聘者。相反，如果某个人以前工作转换频繁，最近几年工作较为稳定，就说明近期的工作与其较为匹配。

（3）**所在行业**。假设应聘者始终在同行业或相关行业工作，其对相关知识与流程都较为了解，面试官可以优先考虑；假设应聘者在同一行业或相关行业内转换工作，说明其职业发展定位清晰，面试官可以重点关注；假设应聘者转换的行业跨度大，不具有相关性，则可以看出他的职业定位比较模糊。

（4）**职类与职级**。面试官主要关注以下三个方面。

一是应聘者原职位所在职类与招聘岗位的相关性。如招聘人力资源管理岗位，应聘者是否从事过人力资源管理工作，假设其只做过行政管理工作就不太合适；如招聘销售类岗位，就需要应聘者以前从事过销售、市场、客户服务类工作。

二是职位层级的对应性。例如，招聘部门经理职位，就需要应聘者担任过中层管理岗位经理；招聘主管岗位，就需要应聘者做过主管，或者在专员岗位上工作过一定年限，拥有较为丰富的经验。

三是职位的提升情况。如果应聘者目前的职位相比上一家企业的职位有一定的提升，说明这样的人是比较有潜力的；假设应聘者在好几个单位都是处于同样职位，则表明应聘者在向上发展方面存在一定的瓶颈，而且这个瓶颈是较难突破的。

（5）**岗位职责**。要看与招聘职位工作范围的相关性，相关性越高，匹配度就越高。面试官应主要关注如下两个方面。

第一是工作的具体内容，与招聘职位是否有相同或相近之处，有哪些差异。假如企业招聘一个人力资源经理，而这个应聘者以前的工作内容是管理档案、缴纳社保等事务性工作，就不太适合。

第二是工作的绩效，通过其取得的效果，可以分析其工作能力。例如有的人能够提出很多方案，但都没有付诸实施或取得成效，则说明其思考力强、执行能力不足。

（6）**汇报对象**。通过汇报对象的职位与层级，可以看出应聘者所在的层级和职位权限。例如，应聘者在过去的公司直接向总经理汇报，说明其是高层或处于非常重要的地位，如果向副总或总监汇报，其职位就属于中层。特别注意以下情况：应聘者在过去的公司有两个以上的汇报对象，面试官要了解其背后的原因，是组织结构原因（矩阵式结构），还是多头管理的原因（是否造成离职）；跨级汇报情况，如果一个主管就要向总经理汇报，可以说明公司管理不规范，或者公司规模很小。

（7）下属人数。这里是指直接下属，而不是所有下属。面试官从中可以看出应聘者担任何种管理职能，从而分析其管理能力。

（8）薪酬待遇。薪酬是面试官判断一个人是否符合公司岗位要求的重要因素，主要关注两个方面：其目前薪酬水平与社会平均薪酬水平的对比，看其是否处于市场正常的薪酬水平，如果一个人的薪酬水平与该年龄、该职位应该达到的薪酬水平相差较远，说明其能力是不够的；目前应聘者的薪酬水平与本公司目前岗位薪酬水平的对比，如果相差较远则可考虑性不大。

3.学习经历：适当关注

学习经历包括学历教育经历与职业培训经历两部分，它在一定程度上体现了应聘者的知识水平、学习能力与上进心（如图 2-6 所示）。

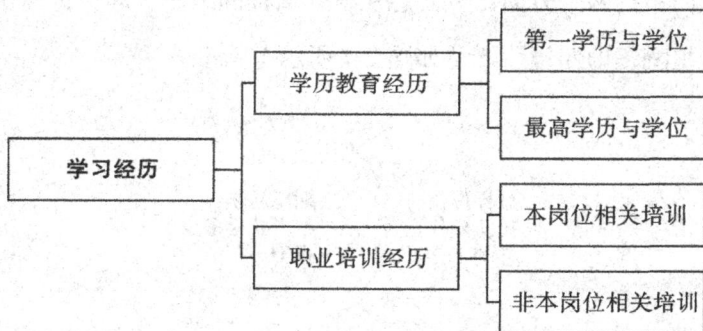

图 2-6　学习经历的关注要点

（1）**学历教育经历**。应聘者就读的学校与其智商、努力程度相关，假如应聘者的第一学历是 985 或 211 院校，则说明其基础素质不错。如果是非全日制学历，则要看应聘者是何时开始、何时获得该学历的。从应聘者参加在职教育和培训的经历，可以看出一个人的学习意识和进取心。如果应聘者具有多个学历，那么面试官通过对其不同学习阶段所学专业的分析可以判断他的知识的系统性和广度，还可以从不同专业的相关性中获得其个人职业规划的信息。如果应聘者的教育经历专业跨度大、杂乱、没有重点，就说明他没有很好地进行职业规划。

（2）**职业培训经历**。第一是关注其是否参加过与本岗位相关的培训，这不仅反映了应聘者的学习意识与上进心，也可以判断其是否具备本岗位必备的专业技能。有一些培训是属于认证类的，面试官还要看看应聘者是否取得了相应的证书。第二是关注其参加的与本岗位不相关的培训，这体现了应聘者的个人兴趣，其可能是在培养其他方面的专长，面试官面对这样的情况时要特别慎重，因为一个人如果不喜欢又没有充分发展与岗位相关的知识技能，就很难胜任该岗位工作。

4.求职意向：不可忽视

求职意向包括两个方面：一是想从事什么样的工作，即目标岗位；二是希望得到多少报酬，即期望薪酬（如图 2-7 所示）。

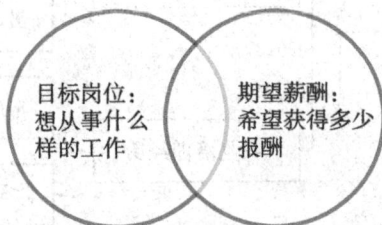

目标岗位：想从事什么样的工作

期望薪酬：希望获得多少报酬

图 2-7 求职意向的关注要点

（1）**目标岗位**。面试官要关注以下两点。

目标岗位与应聘岗位是否相关，如果两者不是一个类别，就要特别注意其是否真的有意向从事这项工作。有的人提供了多个目标岗位，如果它们属于同一个类别，就说明应聘者希望在大方向不变的情况下往广度上发展，如招聘专员愿意做绩效、薪酬、培训、劳动关系等工作；如果多个目标岗位分别属于不同的类别，就说明应聘者的职业规划不明确，还处于职业摸索期或只是急于找工作。面试官尽量不要考虑这样的应聘者，除非个人条件与岗位要求特别吻合。

目标岗位与原工作职能层次上的差别性。有些人只考虑在原工作职能以上的岗位，如曾经是招聘主管只考虑应聘招聘主管、招聘经理、人力资源经理等岗位，这些属于正常的职业发展方向，也体现了应聘者具有较好的进取心；如果跨度太大，则说明应聘者不务实，有些自恃过高，如曾经是招聘主管现在应聘人力资源总监职位；还有的人是往下走，过去的招聘主管现在愿意做招聘专员，这一类的应聘者往往不够自信、能力不强或急于找工作，但也有例外情况，就是应聘者从中小企业出来愿意到大企业从较低岗位做起。总体来说，面试官应优先考虑那些有进取心、职业发展往上走的应聘者。

（2）**期望薪酬**。面试官主要关注应聘者的期望薪酬比目前薪酬是高还是低。如果期望薪酬比目前薪酬明显较低，则说明应聘者不太自信，或者只是为了争取面试机会；如果期望薪酬比目前薪酬略高，如20%以内的涨幅，则是比较合理的要求，这在一定程度上体现了应聘者的自信与务实稳健的风格，面试官可重点考虑这类应聘者；如果期望薪酬比目前薪酬高很多，如超过30%的涨幅，面试官就需要考虑背后的原因，是否应聘者有些骄傲自大，另外从这点也可看出其比较注重薪酬。

5.兴趣特长：留意一下

除了以上几个部分以外，面试官在阅读简历时还需要注意一些兴趣爱好、特长等其他的信息。虽然这些并不是重点内容，但有时面试官可以从中得到一些有效信息，如图 2-8 所示。

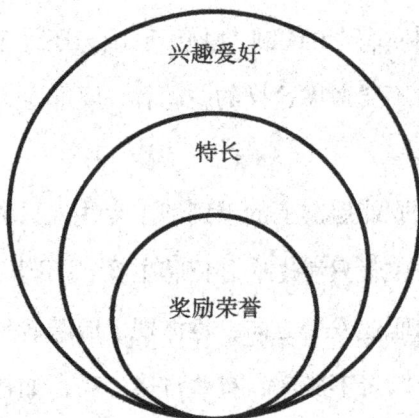

图 2-8　兴趣爱好与特长的核心是奖励荣誉

（1）**兴趣爱好**。不同的兴趣爱好体现了应聘者不同的个性特征、生活状态。例如，喜欢足球、篮球等运动的应聘者，通常比较有活力，团队合作意识强；喜欢书法、绘画、乐器的应聘者，通常比较有想法和内涵。有些人兴趣很广泛，说明其容易和不同的人相处，能较快地融入新的团队。如果应聘者的兴趣爱好与公司或部门的主流活动一致，则有利于其认同企业文化，尽快融入新环境，对其保持工作的稳定性有一定的帮助。

（2）**特长**。特长代表了应聘者的优势领域，是否具有一项以上的专长可以体现其毅力和聪明程度。特长与兴趣爱好是有区别的，某个人在某些方面有特长，很有可能这也是他的兴趣爱好，但有兴趣爱好，并不能说明这个人在这方面有特长。一般而言，没有获得奖励或荣誉就不能算特长，只能算是兴趣爱好。有的人兴趣爱好广泛却没有一项特长，通常属于中规中矩、缺少个性的类型，如果要负责开拓性的工作则比较困难。

（3）**奖励荣誉**，包括工作、学习、文体等方面的奖励和荣誉，这一部分体现了应聘者的努力程度。

工作方面的奖励或荣誉，通常包括先进个人、优秀员工、优秀团队，这些都反映了公司管理者对其工作表现的肯定。另外，在工作领域获得专利、著作权等是需要面试官重点关注的，它体现出应聘者具有较强的创新能力。

学习方面的奖励，要看是属于哪一个等级的，如奖学金，如果应聘者获得了国家奖学金、其他重点专项奖学金或校内一等奖学金，则表明应聘者的学习成绩很不错。

文体方面的奖励，也要看奖项的含金量，通常获得地市一级以上的奖励或荣誉，代表应聘者在该领域有不俗的表现。此外，如果应聘者在文体方面获奖较多，而在工作和学习上表现平平，则说明其在工作方面的努力不足，把较多的心思用在了工作之外的领域。

6. 总体分析：必须要做

这一部分是简历分析的最后环节，也是最重要的环节，时间分配视具体情况而定。面试官要做的就是对以上几个部分的内容进行整合分析，前后印证对比，发现其中的亮点和疑点，特别是工作经历和个人成绩方面，判断应聘者的描述是否符合逻辑。例如，应聘者在简历中描述自己的工作经历时，列举了一些高级职位而他应聘的却是一个普通职位，这就需要引起面试官的注意。

如有求职信，面试官从求职信的文字表述中可以看出应聘者相应的能力：从表述的条理性判断其逻辑思维能力和分析能力；从表述的全面性判断其系统思维能力和责任心；从表述的深入性判断其执行能力与工作作风是否务实。

　　总之，阅读与分析简历不仅是一项体力活儿，更是一项技术活儿。按照以上介绍的步骤、时间分配与关注点，面试官就可以轻松快速地读透一份简历，为接下来的面试工作做好充足的准备。

第三讲

超级流程：面试的起承转合

一、你那叫聊天不叫面试

[案例] 某企业需要招聘一位人力资源总监，董事长让面试专家和办公室主任一起面试。面试结束后，办公室主任问这位专家："您觉得我的面试技巧如何？"专家说："你这样的'面试'只能叫'聊天'。"办公室主任很诧异，问道："为什么？"专家说："刚才这个候选人，你给他打多少分？你觉得他能不能用？"主任思考了一会儿，说："我觉得还可以，但又觉得有些方面不靠谱，具体是哪些地方不行我也说不上来。"专家说："这就是问题所在，你在面试的时候提问比较随性，就像聊天一样，想到哪儿问到哪儿，完全没有章法和逻辑，所以面试了半天也不知道如何评价应聘者，不确定到底能不能录用他。"

这种聊天式的面试在工作中很常见，主要表现在以下几个方面。

1. 不清楚要问什么不问什么

面试官在面试的过程中，不该问以下四类问题，如图 3-1 所示。

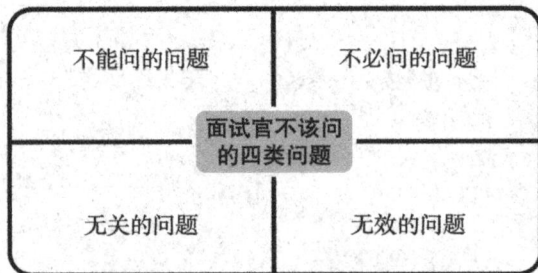

图 3-1　面试官不该问的四类问题

第一类是不能问的问题，如政治、宗教信仰、商业机密，以及个人隐私的话题。2019 年国家出台相关规定，企业面试时不得询问妇女婚育情况[①]。面试官提出这类问题，不仅会引起应聘者的反感，还可能会导致面试的失败。

第二类是不必问的问题，如毕业院校、所学专业、工作经历等。因为简历已有此类信息，面试官再问纯粹就是浪费时间，除非对这些信息有不确定的地方。

第三类是无关的问题。如公司要招一位工程师，面试官却问他"你对中国足球怎么看？"毕竟面试时间是有限的，如果面试官不能把精力集中在关键信息的挖掘上，不按照设计好的标准化程序提问，得到的就只能是一些无关紧要的信息，影响最终的人事决策。

第四类是无效的问题，有的面试官喜欢问应聘者有哪些优缺点，如果将这个问题作为话题的切入点，或者用来判断应聘者的反思能力是可以的，但是很多面试官用这个问题判断应聘者的能力，这样就大错特错了。

面试官通过以上四类问题不仅无法得到更有价值的信息，而且容易造成在面试过程中表现良好的人入职后表现平平的情况，不仅浪费了公司的资源，而且增加了企业的用人成本。

2. 不知道先问什么后问什么

面试提问是有逻辑性的，有些面试官一上来就问应聘者目前的薪酬水平是多少，期望工资是多少；有些面试官刚开始就询问应聘者离职的原因……

面试官应该避免在面试初期就和应聘者谈论薪资，甚至直接询问应聘者希

---

① 2019 年 2 月 22 日，人社部、教育部等九部门印发通知文件，要求企业在招聘时不得以性别为由限制妇女求职就业或拒绝录用，不得询问妇女婚育情况，不得将妊娠测试作为入职体检项目，也不得将限制生育作为录用条件。

望的待遇是多少，这样就相当于给了应聘者开价的权力，对企业较为不利。尤其是当应聘者说出了期望工资，而企业无法满足时，便会产生负面的影响。因此，面试官应当先充分了解应聘者，同时让应聘者对企业及岗位有一定程度的认识。然后，面试官要先询问应聘者目前或上一份工作的薪资，得到一个较合理的参考标准。如果应聘者目前的薪资低于企业预定的最高给薪值，面试官可以依据想要应聘者加入程度的高低，调整薪资以吸引应聘者；如果应聘者目前的薪资高于企业预定的最高给薪值，面试官可以把说服的重点放在岗位的其他优势上。

3. 不明白从哪个角度来提问

面试是挖掘应聘者和目标岗位有关的信息，并根据这些信息预测其在目标岗位表现的过程。一些面试官在面试的过程中并不知道从哪个角度提问，例如，面试官喜欢直接询问离职原因，大多数应聘者的回答无非就是"家庭原因""身体原因""职业发展规划"等，往往会隐藏其离职背后的真实原因。

4. 不了解用什么句式来提问

提问句式对面试来说是非常重要的。一些面试官不能掌握正确的提问句式，导致没办法考察应聘者的真实能力。在面试过程中，要尽量避免使用以下几种提问句式，如图 3-2 所示。

第一是封闭式问题。封闭式问题是相对于开放式问题（后面两种都属于开放式问题）而言的，封闭式问题有点像对错判断题或选择题，答题者只需要回答一两个词即可。代表词汇包括能不能、对吗、是不是、会不会、可不可以、多久、多少等。例如，你有没有女朋友？你是哪里人？你毕业了没有？通过封闭式问题得到的信息有限，面试官在追问的时候可以适当用一下，但尽量

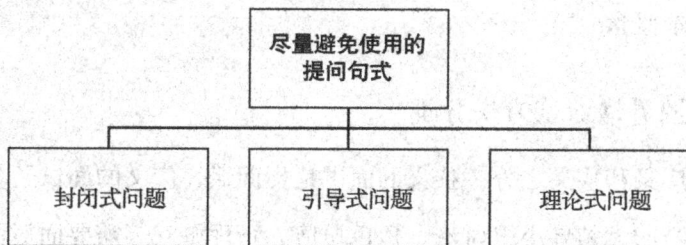

图 3-2　面试官尽量避免使用的提问句式

少用。

　　第二是引导式问题。引导式问题也叫诱导式问题，是指题目本身有较强的引导性，容易使应聘者简单地通过是非判断或选择进行回答。代表词汇包括是否……，有没有……例如，"当你发现下属犯了错误时，是再给他一次机会还是会严厉地批评他？"或者"你是怎样看待团队合作的？"绝大多数应聘者在回答时，都会试图讲述团队合作的好处，因为他们知道这是面试官想听的，但是面试官很难从中得到有效信息。

　　第三是理论式问题。理论式问题是指应聘者回答此类问题的答案都是理论、意见或一般性的行为，并不是真实发生的事情，面试官通过此类问题无法考察应聘者的真实能力。代表词汇包括一般说来……，大多数会……，你会怎样……例如，"你通常会怎样应对发怒的顾客？"

　　在面试过程中，面试官要尽量采用行为化问题、情景化问题或将两者结合起来进行提问（后文会详细介绍这两种提问句式）。

二、什么才是有效的面试方法

　　关于哪些面试方法，很多人甚至一些 HR 都没有弄明白：什么是行为面试？行为面试和情景面试有什么区别？行为面试和结构化面试有什么关系？电话面试、视频面试、无领导小组讨论算不算面试？要回答上述问题，先来了解以下几个基本概念。

1. 一张图看懂面试方法分类

面试有广义和狭义之分，狭义的面试是指面谈，广义的面试还包括现场实操、评价中心的无领导小组讨论、角色扮演、管理游戏等需要面对面互动的评价方法，如图3-3所示。

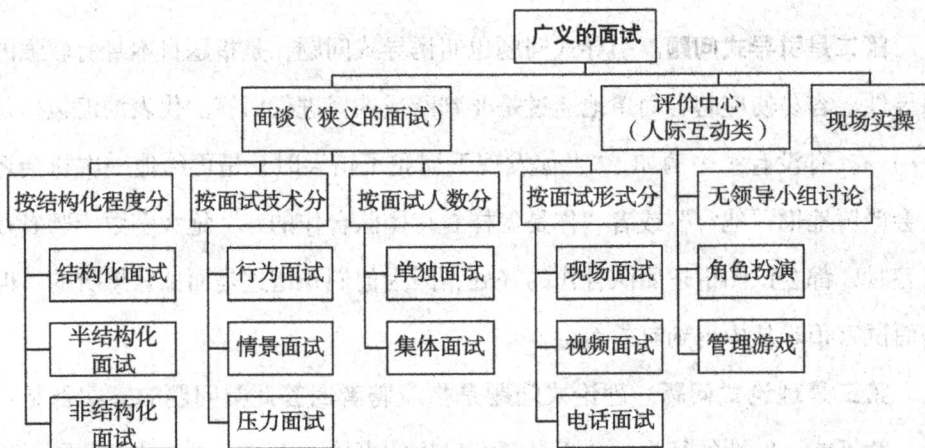

图 3-3 面试方法分类

本书所说的面试特指狭义的面试。人们最常见、最熟悉的面试叫结构化面试。

结构化面试也叫标准化面试，是指按统一制定的标准和要求进行的面试。结构化面试的实施过程较为规范，面试结果也比较客观、公正。严格来说，结构化面试不是一种面试技术，而是一种面试形式。

与结构化面试相对应的就是非结构化面试（即传统面试）。传统面试的最大问题就是，面试官提问过于随意，评价缺乏统一标准。正因如此，传统面试的应用效果不理想，面试结果很难令人信服。结构化面试正是在克服非结构化面试上述问题的基础上产生的，并成为最受青睐的面试方法之一。特别是在公务员录用面试中，为了确保选拔工作的客观公正，国家规定必须采用严格的结构化面试形式。

但是，结构化面试也有不足的地方，就是过于死板，形式大于内容，缺乏针对性和个性化。由此，半结构化面试应运而生。

半结构化面试是指在预先设计好的试题（结构化面试）的基础上，面试官向应聘者提出一些随机性的问题。它是介于结构化面试和非结构化面试之间的一种形式，吸收了两者的优点，有效避免了单一方法的不足，做到了内容的结构性与灵活性的结合。所以，半结构化面试的应用范围越来越广泛。

2. 行为化面试与情景化面试

结构化面试只是一种面试形式，并不是一项面试技术，从技术层面划分，结构化面试可以分为行为面试、情景面试和压力面试三种。

行为面试法又叫行为事件访谈（Behavioral Event Interview，BEI），它起源于 1949 年美国学者福莱·诺格提出的关键事件技术（Critical Incidents Technique，CIT）。随后美国心理学家麦克利兰将其应用在胜任力模型研究中，提出了著名的冰山模型。1982 年，简兹对行为面试法进行了深入的分析与比较，该方法才开始应用于员工招聘面试中。

行为面试的基本假设是：一个人的行为模式是相对稳定的，不会在较短的时间内发生大的变化，特别是在遇到类似的情景时，人的行为反应倾向于重复过去的方式。 例如，去年在工作中遇到较大的困难和压力时，他选择了逃避和放弃。那么，如果明年遇到同样的困难和压力时，他也会选择逃避和放弃。

因此，通过观察一个人过去的行为可以预测他将来的行为，在行为面试过程中，面试官要求应聘者描述其过去某个工作或生活中经历的具体情况，就可以了解应聘者各方面的素质特征。

说到行为面试，就不得不说 STAR 原则，"STAR"是 SITUATION（背景）、TASK（任务）、ACTION（行动）和 RESULT（结果）四个英文单词的首字母组合（如图 3-4 所示）。在行为面试的过程中，面试官要按照"STAR"原则提问，也就是要求应聘者对每一个问题讲一个小故事，必须是自己经历的真实的故事，包括（1）发生的时间、地点、内容和涉及的人员；（2）要完成的任务或遇到的问题；（3）自己采取了哪些行动；（4）得出了什么样的结果，取得了什么样的成绩。这四部分内容缺一不可。所以，也有人把行为面试法叫作"STAR 面试法"。

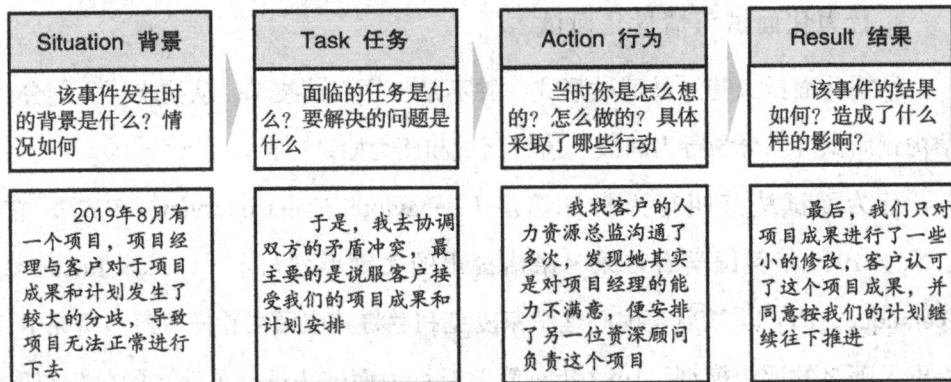

Situation 背景	Task 任务	Action 行为	Result 结果
该事件发生时的背景是什么？情况如何	面临的任务是什么？要解决的问题是什么	当时你是怎么想的？怎么做的？具体采取了哪些行动	该事件的结果如何？造成了什么样的影响？
2019年8月有一个项目，项目经理与客户对于项目成果和计划发生了较大的分歧，导致项目无法正常进行下去	于是，我去协调双方的矛盾冲突，最主要的是说服客户接受我们的项目成果和计划安排	我找客户的人力资源总监沟通了多次，发现她其实是对项目经理的能力不满意，便安排了另一位资深顾问负责这个项目	最后，我们只对项目成果进行了一些小的修改，客户认可了这个项目成果，并同意按我们的计划继续往下推进

图 3-4　行为面试法的 STAR 原则与举例

由于行为面试不是泛泛地询问应聘者过去经历的事情，因此它也是一种结构化的面试方法，也可以将其称为结构化行为面试（Structured Behavioral Interview，SBI）。在行为面试中，应聘者必须准确描述他们过去做过什么以及具体做法，因此相比传统面试，面试官通过行为面试可以收集到更多的有效信息，它已成为最受欢迎的面试技术。

情景面试是 1982 年由美国学者兰瑟姆定义的，它是通过设置工作中的各种典型情景，让应聘者在特定情景中扮演某个角色，完成一定的任务，从而考察其实际工作能力的一种面试方法。

情景面试的理论依据是目标设置理论，它认为一个人的未来行为在很大程度上会受到他的目标或行为意向的影响。基于这个假设，面试官会给应聘者设置一系列工作中可能遇到的事件，并询问"在这种情况下你会怎么做"，以此鉴别应聘者与工作相关的行为意向。应聘者对他将来会怎么做的回答与他将来真实的行为之间有非常高的相关性。

情景面试主要考察应聘者的思维灵活性与敏捷性、语言表达能力、沟通技能、处理冲突的能力、组织协调能力、人际关系处理能力等素质特征。

情景面试与行为面试的差异如表 3-1 所示。

表 3-1　情景面试与行为面试的差异

	情景面试	行为面试
时间导向	通过提问，让应聘者回答未来工作中的挑战	通过挖掘应聘者过去实际发生的工作行为事例，推测他将来的行为
具体示例	假设你正与一位很讨厌的同事一起执行某项重要任务……	请回顾你曾经和一位你不喜欢的同事共同完成一项重要任务的经历……
优点	• 可以考察岗位需要但应聘者没有相关经验的能力指标 • 适合评估相关知识以及分析、判断、逻辑思维和应变能力	• 预测实际能力而不仅仅是知识 • 应聘者较难提前准备 • 能较好地预测人际关系、团队管理、领导力等情商类的能力
缺点	• 预测知识多于实际能力（类似于纸上谈兵） • 应聘者可事先准备 • 不一定能准确反映和人际关系、团队管理、领导力相关的能力	• 不适用于没有相关工作经验的应聘者 • 不一定能体现应聘者的发展潜力

压力面试是指面试官有意制造紧张气氛，了解应聘者将如何面对工作压力的面试方法。面试官通过提出生硬的、不礼貌的问题故意使应聘者感到不舒

服，针对某一事项或问题做一连串的发问，直至应聘者无法回答。其目的是了解应聘者面对压力时的承受能力、应变能力和人际关系能力。压力面试既可以采用行为面试的技术，也可以采用情景面试的技术，还可以采用其他的提问方式。

3.行为面试必须做到情景化

在面试方法中，使用最广泛的就是行为面试。传统面试的预测效度只有0.1 ~ 0.4，而行为面试的效度可以达到0.6。这就是大多数公司采取行为面试法的原因。

面试官采用行为面试法最大的难题就是怎么问对问题才能科学准确地考察应聘者的真实能力。这一方法的特点是让应聘者回忆过去的经历，通俗地说就是让应聘者讲故事，讲完整的故事，讲真实的故事，讲自己的故事，讲已经发生的故事（如图3-5所示）。为了达到这样的目的，面试官必须有效发问和追问，用尽量少的提问获取应聘者尽可能多的、有效的、真实的信息，这就体现了面试官提问的水平。

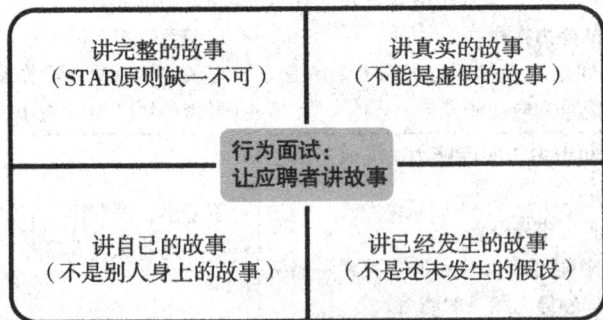

图 3-5　行为面试的主要特点

在面试过程中，面试官常常有一种"抓不住"应聘者的感觉，因为有些应聘者并不能很好地回忆过去的经历，回答的内容并不符合面试官的期望，常常偏离行为面试的轨道，尽管面试官在努力控制面试的进程，但还是难以引导应聘者说出其中的关键信息。

究其原因，是因为面试官没有将问题聚焦到与应聘者工作经历相关的工作情景上（如图 3-6 所示）。面试官应将提问问题情景化，即将提问的内容聚焦到该职位日常发生的一些典型事件上，这些应聘者都会记得比较清楚，也容易说出来。如果有一个事例使应聘者逐渐进入状态，整个行为面试就容易开展了。只有行为面试做到情景化，才能更好地提高面试的效度。

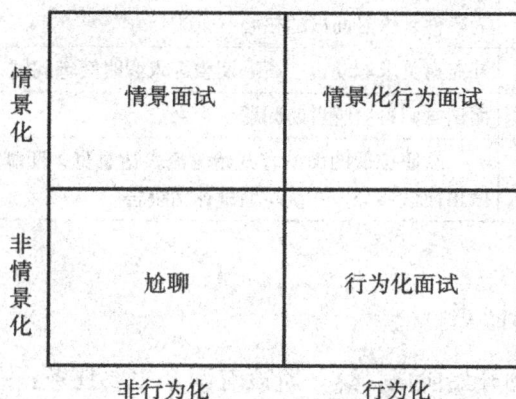

	非行为化	行为化
情景化	情景面试	情景化行为面试
非情景化	尬聊	行为化面试

图 3-6　情景面试与行为面试的结合

据统计，情景面试与行为面试的预测水平都在 25% ～ 40%，当这两种方法结合在一起时，预测水平将会更高。

三、四段式情景化行为面试法

一次完整的面试就是在叙述一个完整的故事。众所周知，写小说有一个基本的结构叫"起承转合"，"起"是起因，是故事的开头，"承"是事件的过程，

"转"是结果的转折，"合"是对该事件的结论。我们不妨采用"起承转合"的结构将面试流程结构化（可称之为"四段式情景化行为面试法"），如表 3-2 所示。在"起承转合"四步法中，"起"和"承"是面试的核心部分。

表 3-2　面试的起承转合

步骤		主要内容	时间占比
起	暖场	面试官作自我介绍，说明面试流程，或让应聘者进行自我介绍等	5%
	找到提问点	找到应聘者的关键经历或事件，或应聘者自我介绍中着重提到的经历，或简历中的亮点和疑问点	
承	挖掘行为事件	根据 STAR 原则深入挖掘行为细节，形成完整的行为事件，这是面试的核心	60%
转	补充提问	补充有关求职动机、薪酬期望、入职时间等问题	20%
合	应聘者提问	面试官回答应聘者的问题	15%
	面试评价	从职位低的面试官开始轮流表达意见，面试官独立做出面试评分，并撰写面试评估报告	

1. 起：找到提问点

"起"是面试的开始阶段，这一阶段有两个主要任务：一是暖场，二是找到提问点。在这一阶段面试官不宜耗费过多时间，时间一般为整个面试时间的 5% ~ 10%。

暖场的目的是消除应聘者的紧张和焦虑情绪，帮助应聘者尽快进入面试的状态。暖场的方式有很多种，面试官既可以让应聘者作自我介绍，或由面试官作自我介绍，也可以从应聘者感兴趣的小话题开始闲聊，还可以让应聘者回顾他过去的某段工作经历。

根据不同的对象，暖场的时间和方式有所不同。遇到比较内向或少言寡语的应聘者，如程序员、设计师等，面试官要尽快让他们放松下来，适当幽默一下，或说说今天的天气、新闻等。对于性格外向的应聘者，面试官三言两语即可直奔主题。

面试官在暖场时要避免一个误区。有的面试官为了让应聘者放松，一上来就让他们开展自我介绍，这个方法有时候会适得其反，有些应聘者反而会紧张得不知从何处说起。

这一阶段的重点是找到提问点。它是整个面试的核心环节，如果切入得好，后面的面试会非常顺利，否则面试就会有较大的难度。

面试官既可以在事先浏览简历时发现简历中的一些亮点和疑问点，也可以从应聘者着重提到的经历中寻找应聘者的关键经历或事件。

2. 承：挖掘行为事件

"承"是面试的主体部分。在这一阶段，面试官通过提出探询性问题深入挖掘行为事件的细节，刨根问底、抽丝剥茧，直至整个行为事件的来龙去脉非常清晰，可以准确判断应聘者的能力素质。

面试官在提问时应遵循先易后难、先具体后抽象、先微观后宏观的原则，这样有利于应聘者逐渐适应面试的氛围，并能够展开思路、进入角色。特别是对一些紧张、拘谨的应聘者，面试官要先提出几个过渡性的问题（如表3-3所示）。

表 3-3　面试官对不同类型应聘者的处理原则

应聘者类型	处理原则	提问问题
滔滔不绝的应聘者	当获取的信息已经足够时，面试官可进行适当的干预	例如，"好""是""对"或"我明白您说的意思了，由于时间关系，后面还有一个问题，这个问题就先到这儿，好吗？"
逻辑混乱的应聘者	礼貌地打断应聘者，暗示其分步骤回答问题	例如："陈先生，所有这些重要的问题，我们都可以讨论，我想您如果能够按事情发生的原因、处理过程、处理结果三个步骤来讲可能会更清晰也更节约时间一些。"

（续表）

应聘者类型	处理原则	提问问题
答非所问的应聘者	巧妙地帮助他们重新回到主题	例如，"我是不是没说清楚？其实刚才我问的问题是……"而不应该对他说"你听懂了没有？你明白我在说什么吗？"这样能够给予对方最大程度的尊重
紧张拘谨的应聘者	设身处地地站在对方的角度考虑问题	例如，"你不用紧张，如果换成我在你这个位置，我也是这样。"并向他点头和微笑，或者对他过去的某项工作表示肯定，这样应聘者就不会那么紧张了
沉默寡言的应聘者	将问题细化，尽量把问题分解成若干个封闭式问题	例如，"你当时遇到的困难是什么？""这些困难给你带来了哪些方面的挑战？""你为什么采取这些行为？""你当时是怎么想的"

提问的时候，面试官还需要注意以下几点。

（1）一次只提出一个问题，不要一次提出多个问题。

（2）提问尽量简短，不要问太长的问题。

（3）避免使用有歧义的语言，尽量少用专业性太强的词汇。

（4）要问准、问实，要弄清楚应聘者的真实情况和意图。

（5）对于难度大的问题，面试官要给予适当启发或给应聘者留出充足的思考时间。

3. 转：补充提问

"转"就是转移话题，是指面试官针对没有了解清楚的信息作补充性提问，包括求职动机、离职原因、期望薪酬、兴趣爱好、入职时间等，这一环节大约花费 10% 的面试时间。补充提问非常重要，它收集到的信息可以辅助面试官进行面试评价，或者佐证判断、解答疑问。

求职动机、离职原因、期望薪酬等话题比较敏感，面试官最好将其放在第三部分提问，而且要特别注意自己的非语言信息。例如，倾听时要仔细、认真，表情自然，不能俯视、斜视或盯着对方不动，防止给应聘者带来过多的心理压力，使其不能正常发挥；慎用一些带有倾向性的形体语言，如点头或摇头，以免误导应聘者。

转移话题时，面试官需要掌握一定的话术（如表 3-4 所示），使面试过程更加自然流畅，也让应聘者感受到尊重。

表 3-4　面试官转移话题的话术

遇到情况	面试官可以这样说
一个问题了解清楚了	• 好的，这件事我们了解得比较清楚了，接下来，想请您谈一谈…… • 好的，我想请您进一步介绍其他事情
想到前面的疑点时	• 不好意思 / 对不起，我对您前面提到的那个事情很有兴趣 • 不好意思 / 对不起，我们再回头看看那个事件的某些细节，那时…… • 好的，您前面提到的那个事情，您说到当时是面临这样的处境，那之后呢
应聘者偏离主题时	• 好的，这件事情我们待会再来了解，现在请您谈一谈…… • 不好意思 / 对不起，我们想了解的是……

4. 合：面试收尾

"合"是对面试进行收尾，包括面试官向应聘者交代什么时候有面试结果，下一步会有哪些安排，以及面试官之间的交流讨论和评分等。

需要注意的是，无论面试官是否已经做出了录用与否的决定，都要给应聘者一个提问的机会，而且要认真应答。前文说过，面试是双向的，如果面试官希望应聘者能接受这个机会，这个环节就是面试官说服他们的时候了。或者说，这时候是他们在面试你了。不要因为这个过程中的失误而失去你需要的人。即使面试官决定不录取应聘者，仍然要认真对待这一环节。因为如果应聘者能够对面试官和公司留下好印象，也许可以推荐更多的人，也许他们提升技能之后还会回来。千万不要低估口碑对公司造成的影响。

四、面试组织与注意事项

1. 三个臭皮匠顶一个诸葛亮

面试是一项复杂的认知任务，具体工作包括提问、认真倾听对方回答、评估获得的信息的质量、准备下一个问题、记录相关信息等，甚至需要眼神交流和肢体语言。如果这些工作都由面试官一个人完成，面试的质量就会受到影响，例如，作笔记会使面试官无暇顾及这些非语言沟通，导致面试官无法收集完整的信息。

多人面试则可以避免这些问题，当一个面试官提出问题并认真倾听应聘者的回答时，另一个面试官可以作详细的描述性记录。此外，多名面试官共同面试可以降低相关信息被忽略的可能性和风险，防止偏见和错误的产生。因此，每次面试至少应由两名以上的面试官共同进行，如一名 HR、一名业务部门的主管或专家，但不宜超过 5 人，因为面试官过多是一笔巨大的隐形成本。如果 HR 和业务部门分开面试，也建议每次面试至少有两人参与。

在谷歌，应聘者会被招聘经理、跨部门经理、同事，甚至自己未来的下属面试。阿里巴巴的招聘面试，除了 HR 和业务领导部门担任面试官外，还会安排一位阿里的老员工担任"闻味官"，判断应聘者是否符合公司的价值观。

如果有多名面试官共同参与面试，人力资源部应在面试前明确主面试官与副面试官及其分工。在面试过程中，主面试官主导面试过程，副面试官进行补充提问。在面试评分时，需要给予每位面试官公平表达观点的机会，切忌凭借自身职位否定他人看法。

在面试评分的交流讨论环节，应从职位最低的面试官开始发言，这样可以最大限度地减少职位带来的影响。如果几位面试官的观点不一致，则必须认真审视质疑的点是否为该岗位的核心素质，以此为依据判断该应聘者是否可以进入下一轮，若无法达成统一意见可再安排一轮面试，或者放弃录用。

根据笔者多年的招聘面试经验，**凡是面试官犹豫不决是否要录用的人建议不予录用，被录用后一定会出问题**，因为他有可能存在面试官还未充分考察到但凭主观感觉有风险点的能力素质。

2. 面试多长时间多少次合适

谷歌公司规定面试时间为 30 分钟左右。如果面试官的面试经验较少，建议每次面试时间相对较长一些。如果面试的职位比较高，特别是中高层，建议至少有一次面试的时间在 1 小时以上。

> [**案例**] 谷歌公司通过进行大数据分析发现，在一次面试之后，面试官的决策有效率只有75%；在四次面试之后，面试官的决策有效率提高到了85%；然后，他们的决策能力就停止增长了。因此，他们决定将面试次数限定为五次。

在华为公司，一名应聘者必须经过人力资源部、业务部门主管等多环节的面试，以及公司人力资源总经理审批后才能正式加盟华为。那么，面试几次最合适呢？这主要看候选人的数量，如果公司对人才的吸引力强，候选人比较充足，则可以考虑进行 3 ~ 5 轮面试；如果是普通企业，候选人不多，则尽量开展 2 轮面试，切忌凭"一面之缘"就把人招进来，这样选错人的几率会很高。

如果有多轮面试，是先由 HR 进行综合面试还是先由业务部门进行专业面试呢？正常情况下，建议先由 HR 进行综合面试，把一些明显不符合要求的人筛掉，然后由业务部门考察专业能力，这样就可以减少业务部门的工作量。如果面试候选人较少，则可以反过来。多轮面试的分工如表 3-5 所示。

表 3-5　多轮面试的分工

	面试官来源	定位	关注点
综合面试	招聘部门	汰劣	综合素质、性格、价值观、潜力、求职动机
专业面试	用人部门	择优	专业能力、人岗匹配度
领导终面	用人部门领导	录用决策	用人风险、潜力、人与战略、文化的匹配

3. 如何营造轻松的面试氛围

营造轻松的面试氛围是面试得以顺利进行的重要条件。宽松融洽的面试氛围既可以使面试官和应聘者建立良好的信任关系，同时也能激起应聘者谈话的热情。应聘者感觉越自在，他们提供的信息就会越多。在面试前的几分钟，面试官应谈一些轻松的话题如天气、企业现状、岗位特征等。当然，不宜过于强调面试氛围的轻松，否则面试就会变得过于随意、不严肃。

通过观察肢体语言，面试官可判断一个应聘者是否放松。当人感到紧张时，通常胳膊会很僵硬。当他们开始放松时，胳膊会慢慢自然下垂，达到舒适的状态。当应聘者坐下之后，面试官要关注他的肢体语言，并注意观察这些信号的变化。

创造最佳面试氛围有两种方式。一方面可通过场地布置来实现，面试环境要尽量舒适、整洁、安静、光线与温度适宜（压力面试除外，后文有相应论述）。面试官可以准备一些必要的物品，如纸和笔。座位的安排也是有讲究的，如果想要氛围更加轻松一些，建议采用 90 度座位法，面试的对象为中高层管理者时常采用这种坐法；如果想把氛围营造得更严肃一些，可以采用面对面座位法，面试中基层岗位或有多名面试官时建议采用这种坐法。具体排列如图3-7 所示。

90度座位法　　　　　　　　　面对面座位法

副面试官　　　　　　　　　　面试官

主面试官

应聘者　　　　　　　　　　　应聘者

图 3-7　面试座位排列示意图

另一方面，面试官可以采用肢体动作来表达，如以友好的眼神和微笑开始面试；花几分钟的时间谈论天气、交通和毕业学校等轻松的话题；如果可能，可递给应聘者一杯水；解释一下面试的程序，说明面试会作记录，并让应聘者知道他什么时候有机会提问；尊重应聘者，在面试席位和考官席位的物品摆放方面要力求平等。

4. 如何营造压力面试的氛围

如今，企业面临的竞争压力越来越大，管理者希望员工既要有过硬的业务素质，又要具备接受挑战、承担责任、承受压力的品质，于是压力面试在招聘中日益受到重视。特别是对销售、市场、公关、管理等职位，有时需要用到压力面试的方法，那么，面试官该如何制造压力，如何提出有压力的问题呢？

第一是营造紧张的氛围。面试官应选择相对狭小的房间作为压力面试的考场，因为处在狭小空间里的人容易产生被逼迫的感觉。应聘者和面试官可以在长度较短的桌子两端面对面落坐。由于距离很近，面试官与应聘者面面相对，能够给应聘者造成一定的心理压力。从社交心理的角度讲，小于 2 米的距离，可以使人感觉自己的空间被侵占，从而产生压力。另外，面试官的座位相对应聘者而言可高一些，这样既突出了面试官的地位，也给应聘者带来了一定的压力。在面试官和应聘者相对的空间内，尽量不要摆放任何物品，这样也能营造一种压迫感。

第二是面试官适时沉默。沉默对大多数人来说都是一种很大的压力，尤其在面试时。面试官最好在面试的开始和中间阶段运用沉默战术，例如，当应聘者进入面试考场时，面试官们要么阅读简历，要么"正襟危坐"、表情严肃地盯着应聘者，所有人都一言不发，这种状态可以持续 2 ~ 5 分钟。另外，当面试进行了一段时间后，面试官可以询问一个较难或较宽泛的问题，等应聘者回答后面试官一直不接话，可保持一段时间的沉默状态。通过这些方法将应聘者置于"无声"的状态中，渲染凝重严肃的气氛，给应聘者造成一定的压力。

第四讲
超级提问：问对问题才能选对人

一、问什么：无效问题与有效问题

面试的效果取决于面试官提出的问题的质量，因此，在面试过程中，面试官如何有效地提问非常关键。面试提问包括两个方面：一是问什么，二是怎么问。

1. 什么是无效的面试问题

在面试过程中，面试官经常提出以下一些问题。

（1）您有什么优点（或缺点）？

（2）您喜欢什么动物（或颜色）？

（3）您的同事（或上司）怎么评价您？

以上这些问题都是无效的。通常来说，无效的面试问题有四个特点，如图4-1所示。

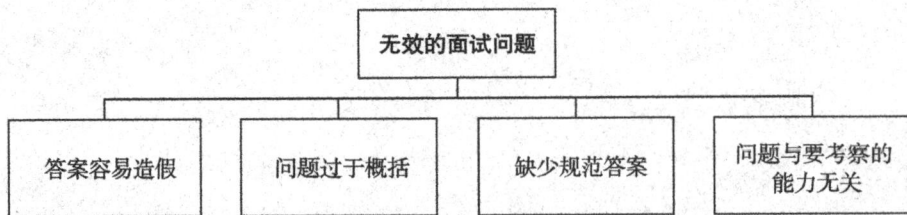

```
                  ┌─────────────────┐
                  │  无效的面试问题  │
                  └────────┬────────┘
        ┌──────────┬───────┴───────┬──────────┐
   ┌────┴────┐ ┌───┴────┐    ┌─────┴────┐ ┌────┴─────┐
   │答案容易造假│ │问题过于概括│  │缺少规范答案│ │问题与要考察的│
   │         │ │        │    │         │ │能力无关   │
   └─────────┘ └────────┘    └─────────┘ └──────────┘
```

图 4-1　无效的面试问题的四个特点

（1）答案容易造假。有一些问题有明显的导向性，应聘者很容易判断什么样的答案可以得到面试官的认可。

（2）问题过于概括。过于概括的问题会让应聘者不知从何应答，只能选择自认为合适的内容进行回答，而这些内容很可能不是面试官要考察的重点。

（3）缺少规范答案。面试官对问题的答案缺乏明确的评定标准，导致应聘者的回答不具有可比性。

（4）问题与要考察的能力无关。例如，对理想工作的期望与应聘者的能力和工作表现并没有直接的关系。

[**案例**]面试销售人员时，面试官常常会拿起一支笔对应聘者说："请把这支笔推销给我。"尽管这样一个情景模拟可以考察应聘者是否具有灵活应变、善于沟通等素质，但是，除非这个应聘者申请的就是推销笔的工作，否则这并不能成为一个有效的工作摸拟，因为推销笔与推销其他商品的差异性实在太大了。

在进行有效的工作模拟或业绩提问时，考核内容应在以下方面与工作情况相似：完成某任务的时间、工作岗位上需进行的活动、工作条件、频率、重要性、绩效标准等。

2. 什么是有效的面试问题

那么，什么是有效的面试问题呢？有效的面试问题具有如下五个特点，如图 4-2 所示。

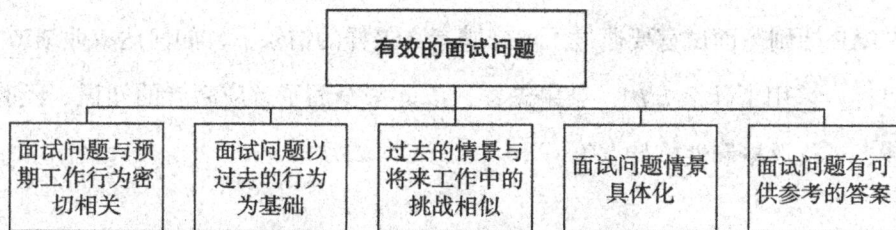

图 4-2　有效的面试问题的五个特点

（1）**面试问题反映的应聘者的能力与预期的工作行为密切相关。**面试问题应当重点考察应聘者是否具备能够成功完成工作的关键能力。对于一些次要的能力，面试官在面试时间很紧的情况下可以灵活掌握。

（2）**面试问题应当以过去的行为为基础。**根据一个人过去的行为可以有效预测他将来的行为，这比应聘者毫无依据的夸夸其谈和信誓旦旦的承诺要可靠得多。如果面试官提出的是假设性问题，那么面试官得到的也将是假设性的回答。

（3）**过去的情景与将来工作中可能遇到的挑战相似。**面试问题中涉及的某种情景，应当与应聘者将来工作中可能遇到的挑战有相似之处。只有这样，面试官才可以预测应聘者将来采取的行为是否同样有效或无效，或者以他所具备的能力能否胜任岗位要求。

（4）**面试问题情景具体化。**只有将面试问题情景具体化，才能引导应聘者向面试官期望考察的能力靠拢。这样既达到了准确、有效考察应聘者的目的，又节省了面试时间。

（5）**面试问题有可供参考的答案。**许多面试官认为没有必要为面试问题确定一套明确的答案。他们通常会比较不同应聘者的答复，然后决定聘用谁。其实，面试官应把每一个应聘者的答复与客观标准或事先确定的某个答案进行比较。

有效的面试问题是基于过去的行为提出的。基于行为设计的面试题目应遵循 STAR 原则。面试官要通过了解应聘者在怎样的情景下，如何达成业绩或实现目标，采用了什么方法，结果怎样，以此来全面了解应聘者的知识、经验、技能、工作风格和性格特点等。

二、问什么：面试的关键在关键事件

1. 能力提升来自关键事件

培训界有一个"721法则"，即能力提升的70%来自工作实践中的锻炼，20%来自向有经验的人学习，10%来自培训课堂和书本的学习。所谓读万卷书不如行万里路，行万里路不如阅人无数，阅人无数不如高人指路，高人指路不如自己去悟。自己去悟，就是指在行动中感悟、领悟和觉悟，这是学习的最高境界。

能力不会自然产生，它是和行动紧密相连的，离开了具体行动，能力就无法形成和展现。一个有绘画能力的人，只有在绘画活动中才能施展自己的才华；一个教师的教学能力，只有在教学活动中才能显示出来；一个管理者的协调能力，只有在具体的管理活动中才能展示出来。只有通过行动才能了解一个人的能力。通过工作实践的历练，自己才会有切身的感悟与心得，才能将知识、技能内化到自己的心智模式当中。

面试官要了解一个人的能力，最关键的就是要把握那些与应聘岗位相近的关键事件。

2. 关键事件来自关键挑战

一个岗位的工作可以划分为两类，一类是关键事件，另一类是非关键事件。每个岗位都会涉及大量的非关键事件，它是指所有人（包括能力较弱的员工）都能够轻松处理的事情，而关键事件对组织绩效的影响比非关键事件要大得多。

关键事件来源于招聘岗位的关键挑战和应聘者的关键经历，如图4-3所示。

图 4-3　关键事件的两个来源

第一，关键事件来源于招聘岗位的关键挑战。应聘者描述的关键事件与招聘岗位的关键挑战情景越相似，就越能考察应聘者的人岗匹配度。因此，面试官可以从招聘岗位的关键挑战出发，询问应聘者在过去的工作过程中是否遇到过类似的关键挑战，他是如何处理的。因此，在面试之前，面试官要非常清楚招聘岗位的关键挑战是什么，以及针对关键挑战，哪些行为是适合的，哪些行为是不适合的。

[**案例**] 以航空公司的空乘人员为例，大多数空乘人员都会与乘客友好地打招呼，检查他们的登机牌，并提供餐食和饮料，这些是非关键事件，大多数空乘人员都可以表现得很好。关键事件则可能涉及飞机遇到严重涡流或航班延误时如何与乘客沟通，如何面对醉酒或咄咄逼人的乘客，如何帮助生病的乘客等。这些情况很少发生，甚至某些空乘人员在整个飞行生涯中都难以遇到类似的情况。但是，这种情况一旦发生，就需要空乘人员施展出特定的技能，如保持冷静、控制情绪并进行有效沟通。因此，在对空乘岗位应聘者进行面试时，面试官应当让应聘者描述他们过去是如何处理类似的关键事件的。

第二，关键事件来自于应聘者职业生涯中的关键经历。面试官通过了解应聘者过去工作中的关键经历，如工作岗位或角色发生变化的经历；取得的突出业绩与贡献、获得的表彰或荣誉；参与的重大项目或事件；面临的重大挫折或失败，选取与招聘岗位关键挑战相近的经历来挖掘关键事件。

[案例] 某应聘者曾有几段关键经历，包括从销售员升职为销售经理；从零开始组建团队；带领一个业绩下滑的团队快速取得业绩增长……招聘岗位的关键挑战是团队业绩持续下滑，需要有一位管理者带领大家取得业绩的提升，这时面试官需要重点提问的就是第三段关键经历：带领一个业绩下滑的团队快速取得业绩增长。

三、怎么问：面试提问的超级句式

1. 最简句式：举个例子

基于前文的分析，在 STAR 原则的指导下，要想使面试更加有效，面试官应当设定既与招聘岗位关键挑战相关，又是应聘者过去经历过的情景，要求应聘者描述他在这种情景下的任务、采取的行动以及结果如何，即采取情景化行为面试法。

行为面试要求应聘者描述一个行为事件，所以最简单的一个提问句式就是：请举一个体现你"指标名称（如责任心）"的例子。对于面试经验不足的面试官而言，当不知如何提问时，可以尝试使用这种句式。这种句式的不足在于应聘者明确地知道面试官要考察他哪方面的素质。

如果需要复杂一点，面试官在提问时可以把工作情景融入进来，如表 4-1 所示。

表 4-1　情景化行为面试提问示例

请	举（回忆）	一个	体现你"责任心"的		例子
	描述（介绍）	一段	你在团队合作方面成功的		经历
	谈谈（说说）		你处理团队成员意见不一致的	一件	事情
	分享（告诉）		你在工作中快速掌握新知识的	一些	经验

当然，面试官也可以直接询问应聘者过去是怎么做的，并用"请举例说明"提醒应聘者一定要描述过去的事例。这种句式非常简单，且将工作情景直接融入到提问中，这是一种不错的提问句式，相关示例如表 4-2 所示。

表 4-2　描述过去事例的提问示例

你	是如何（怎样）	帮助下属取得成功的	请举例说明！有没有类似的事例可以分享
		开发新客户的	
		让团队成员达成一致的	
		说服你的领导的	
		提高大家的积极性	

2. 超级句式：关键挑战 + 工作重点

前面讲的几种句式比较简单易掌握，但是应聘者可能由于情景不够聚焦和有针对性，不容易回忆起相应的事例，从而影响面试效果。

[案例] 有的面试官会问："您最大的成就是什么"。这样的问题由于答案太宽泛，所以是无效的。如果面试官问："请举例说明您对细节的关注曾给您的团队带来过好处。"或者问："您采取过什么行动使您的团队更加高效？"通过这些问题，面试官可以找到那些有类似成就的人员。

因此，面试官有必要突出情景中的矛盾冲突点（即关键工作挑战），将关键挑战和工作重点结合起来提问，这样便可以让应聘者找到回忆过去行为事件的感觉，从而使提问触及应聘者的内心深处（如图4-4所示）。

图4-4 超级句式的构成

[**案例**]以房地产企业的项目报批报建经理这一岗位为例，工作重点有一条是"项目证照的高效办理"，关键挑战的其中一条为"政府宏观政策发生变化，或者政府领导班子进行调整"。对此，面试官可以这样提问："请回忆一下在你上一个负责的项目里，当政策发生变化或政府领导班子进行调整时，你是如何快速跟进办理项目证照的？"

类似的提问样例还有以下几个。

（1）过去，当你的领导和你观点不一致时（工作挑战），你是如何与他达成一致意见的（工作重点）？请举例说明。

（2）当你的团队成员都是新人时（工作挑战），你是如何快速提升他们的业务技能的（工作重点）？请介绍一个这样的具体事例。

（3）请谈一谈在过去的工作经历中，当你需要同时管理多个项目时（工作挑战），你是如何保证项目进度正常的（工作重点）？

总之，在设计面试问题的过程中，面试官要以过去的行为为主，问题的情景应当尽可能具体、与未来的工作情景有相似性，对于关键能力的考核尤其要注意情景描述的准确性、具体性。

此外，还要注意降低提问的导向性，让应聘者不知道面试官要考察他的哪项能力素质。

[**案例**] 有些面试官会这样提问："在特定情况下，您需要安排好工作中各项任务的轻重缓急，请举例说明您为什么要这样安排。"这虽然是一个行为上的问题，却是一个无效问题，因为它有导向性，应聘者从问题中已经知道了答案。恰当的提问应当是："您是否有过工作太多而无法按期完成的情况，您是怎样解决的？"这一提问把应聘者置于某个情景之中，面试官可从应聘者描述的具体行动中了解其相关的能力。

3. 压力提问：三个注意事项

有时面试官需要提出一些有压迫感的问题。有压迫感的问题主要有两类，一是针对行为事件中的细节和逻辑穷追猛打、步步紧逼，一直追问到对方答不出来为止；二是直接否定或质疑对方，如"我觉得这不可能！""我觉得你在说谎！""这怎么可能？""对不起，我们不需要你们这样的应聘者！"面试官在提出压迫式的问题时，要语气坚定、有力，且表情严肃、眼神犀利。

压力面试是一把"双刃剑"，一旦使用不当或被滥用，将会造成不良的后果。如图 4-5 所示的三点是面试官要注意的。

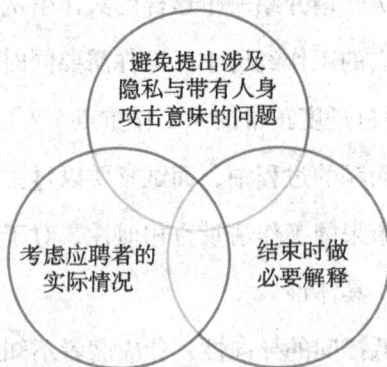

避免提出涉及
隐私与带有人身
攻击意味的问题

考虑应聘者的
实际情况

结束时做
必要解释

图 4-5　压力面试的注意事项

首先，避免提出一些可能会涉及个人隐私或带有人身攻击意味的问题。压力面试的过程也是面试官和应聘者沟通、交流的过程。在压力面试中，面试官应对应聘者保持最基本的尊重，不可以面试为借口向应聘者询问各种奇怪的、与岗位素质和能力无关的个人问题，以免引起应聘者对企业文化和面试官人品的质疑。

其次，压力问题的设计应考察应聘者的实际情况。面试官在设计压力问题时，应充分考虑应聘者的文化水准和可承受能力，做到所提的问题既要在应聘者的"意料之外"，又要使其"无法回避"。这样才能观察应聘者的第一反应，判断其相关能力和素质水平。

最后，结束时须做必要解释。压力面试中的题目设置大多比较"尖锐"或具有"迷惑性"，所以在面试结束后，面试官有必要向应聘者做出解释，以免引起误会。这既是道德上的义务，也是工作职责所在，企业不可以无视应聘者的个人尊严和感受。

4. 面试提纲：保障面试结构化

为保证面试质量，使面试提问更加标准，面试官应提前准备一份面试提纲。表4-3是根据前文对某公司总经理的人才画像梳理出来的面试提纲。由于岗位的关键能力来自关键挑战，而面试提问同样来自关键挑战，因此面试问题可以与能力指标进行——对应。

表4-3　某公司总经理面试提纲

岗位名称	公司总经理	
考察指标	核心问题	备选问题
经营意识	在产品竞争力不足、缺少爆款产品的情况下，你是如何完成年度经营目标的	请谈谈你在建立和维护客户关系方面的经验？请举例说明

（续表）

考察指标	核心问题	备选问题
团队发展	1. 面对销售人员素质参差不齐的情况，你是如何提升整个销售团队的战斗力的 2. 在薪酬激励机制不科学的情况下，你是如何降低人员流失率的	请介绍你在团队管理工作中印象最深刻、最有成就感的事情
创新变革	请描述你在工作中用新方法解决新问题的一次经历	你在工作中推出过哪些创新举措来达成工作目标
追求卓越	当你的业绩很优秀时，你是如何超越自我，实现更好的成绩的？请举例说明	你愿意做大池塘的小鱼还是小池塘的大鱼？为什么
求职动机	1. 你对自己的职业生涯有什么样的规划 2. 你喜欢在什么样的环境中工作？哪些环境是你无法接受的 3. 你为什么离开上一家公司	1. 在什么情况下你会离开公司 2. 你在找工作时最看重什么 3. 你希望与什么样的上司共事

四、怎么问：如何面试各类人才

1. 面试高管：注意三个方面

很多面试官反映面试高管很难，究其原因主要有四点：一是在不同行业、不同形势下企业对高管人才有着不同的要求，面试官难以把握标准；二是高管人才的思维宏观性、抽象性、发散性、跳跃性强，一般人很难捕捉；三是高管人才的影响力与支配欲强，经常会反客为主地主导面试过程；四是可能存在面试官在资历、经验上与高管人才不对称的情况，面试官容易陷入被动的局面。因此，面试官在面试高管时需要注意如图 4-6 所示的三个事项。

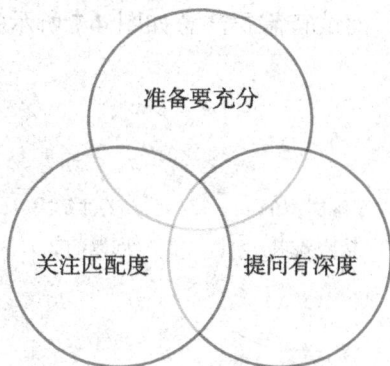

图 4-6　面试高管时的注意事项

（1）**准备要充分**。面试高管时，面试官要保持平常心，该问就问，该说就说，无需怯场，同时要准备充分，提前阅读简历等相关信息，对应聘者的工作经历了解清楚，最好事先拟订提问提纲，明确需要提出的关键问题。

（2）**提问有深度**。在面试过程中，面试官的提问应逻辑严密、有深度，不应让对方马上就知道该如何回答，而应该能够引发思考，可以适当地将公司经营管理过程中与该职位相关的一些问题抛出来，以判断应聘者对本行业、本专业领域的理解以及对经营管理的理解是否达到了相应的高度和深度。

（3）**关注匹配度**。面试官要关注应聘者与本公司企业文化、价值观的吻合度，其工作风格与个性是否与公司高管团队的其他成员相匹配，其职业倾向与公司提供的平台是否匹配等。此外，面试官要注意准确把握其"发展轨迹"，了解其真实的状态，以及他是如何发展到目前的状态的。

2. 面试技术人员：把握两个问题

面试技术人员的难点在于，受专业限制，非专业面试官不敢和技术人员聊专业内容。同时，技术人员多具有点状思维，很容易讲到技术细节。另外，有些技术人才不善言谈，也比较有个性，面试官在面试过程中要适当引导应聘者。在面试技术人员时，面试官需要注意如图 4-7 所示的两个事项。

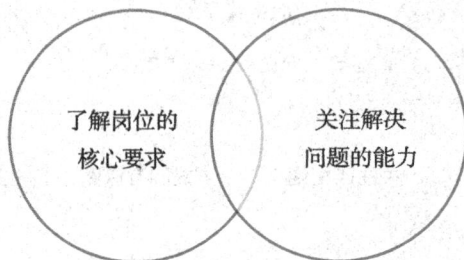

图 4-7　面试技术人员时的注意事项

第一，了解岗位的核心要求。面试官无法在所有领域都成为专家，但需要了解工作中的主要困难和挑战，清楚地知道技术岗位的显性要求（如学历、经验、地域），更需要了解应聘者的价值观、事业观，与该岗位的直接上司的匹配度等隐性要求。

第二，关注解决问题的能力。专业技术人员在谈及自己的专业问题时有较强的自信，可能会主导整个面试，面试官需要在关键时加以引导，以便观察到企业需要的特质。重点是通过回顾过去工作中的事例，了解应聘者在工作中遇到过哪些困难和挑战，解决过哪些专业方面的难题，是怎样解决的；是否在本企业中也会遇到类似过去的困难和问题；他的思维方式是怎样的；学习和创新能力如何。

3.面试应届生：围绕四类经历

应届毕业生没有工作经验，面试官不能挖掘其与岗位工作相关的关键事件，因此面试官在面试应届生时会感到很难。如图 4-8 所示，面试官可以通过把握应届毕业生以下四种类型的经历考察他们的能力。

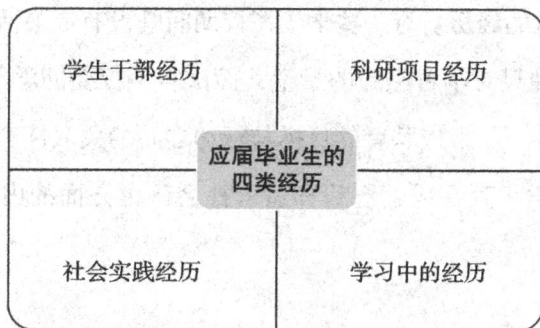

图 4-8　应届毕业生的四类经历

第一，学生干部经历。这种经历包括组织迎新晚会、各种比赛、与媒体商家合作的讲座、公益宣传等。面试官需要详细了解组织这些活动的背景、难度，应聘者的角色与他做的工作是否有联系，活动结束后他的思考与收获是什么。

第二，科研项目经历。这类经历包括跟着导师做项目、发问卷、做实验、查数据、写报告。需要注意的是，现在的学生跟着导师做项目已经是一种常态，然而他在项目中的表现和专业功底只有通过项目分工才能看出来，如果面试官不挖掘行为细节，应聘者可能说的是别人的故事或者是大家一起做的事。面试官应该在必要的技术环节上澄清应聘者负责的具体工作，这一点非常关键。

第三，社会实践经历。这一经历常见的方式包括做家教、发传单、做促销员、到大公司实习、到专业机构（事务所、研究院）做助理、到公益机构做志愿者、到政府部门（街道办事处、公检法系统）见习或挂职。面试官需要把握的是，应聘者每一次实习的动机和收获之间的关系，这些经历能否真实反映他的能力。应聘者选择这些机会背后的动机，可能就是将来他选择工作和企业的标准。

第四，学习中的经历。有一些学生在校期间既没有社会活动也没有学生干部经历。面对这种只有学习经历的学生，面试官不仅要问学习，还要问生活、兴趣爱好和进取心，了解应聘者的目标与行动之间的关联性。有证据显示，那些学习刻苦的同学，其在成就愿望和追求社会认可方面的内驱力比其他同学要强。

第五讲
超级追问：打破砂锅问到底

一、没有追问就没有真相

1. 大部分应聘者都会伪装自己

在面试过程中，应聘者与企业之间的信息是不对等的：应聘者往往拥有信息优势，因为他不仅了解自己的情况，而且能够通过公开的渠道了解企业的信息；而企业拥有信息劣势，企业只了解自身的信息，却不了解应聘者的信息。

为了获得心仪的职位，许多应聘者承认，在面试过程中，他们会或多或少地伪装自己，或避重就轻，或夸大事实，甚至会虚构情节。尤其是在"面经"满天飞的今天，许多应聘者对面试官提出的问题对答如流、见招拆招，面试官很难考察出他们的真实水平。

心理学家研究发现，人们平均每天会说一到两次谎话。人们之所以说谎，多半出于对自身利益的考虑，而在面试中由于涉及自身的利益，所以应聘者说谎的概率会非常高。

智联招聘的一份调查表明，几乎所有 HR 都遇到过应聘者夸大或隐瞒事实的情况，其中 92.7% 的受访者认为应聘者的说谎比例超过 10%，更有超过 30% 的受访者认为，该比例高于 50%。在面试过程中，应聘者最易说谎的三个地方是职业背景描述中的"离职原因""工作经历"与"薪酬等级"（如图 5-1 所示）。

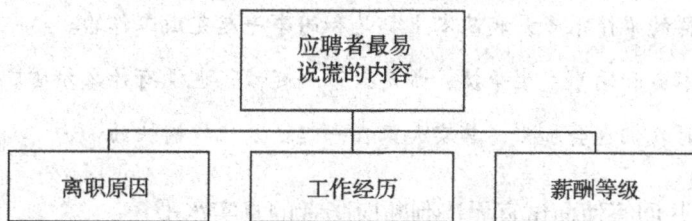

图 5-1　应聘者最易说谎的内容

2. 掌握行为细节才能了解真相

相对于说谎的普遍性，人们识别谎言的能力却不理想，正确率只有 47%。

识别谎言主要有三种线索：一是生理线索，将生物反馈仪记录说谎者的生理反应作为判断依据，如测谎仪；二是非语言线索，通过说谎者的细微动作、目光转移、表情、语速语调等来识别；三是语言内容线索，通过谎言的实质内容来分析判断说话内容的真伪（如图 5-2 所示）。

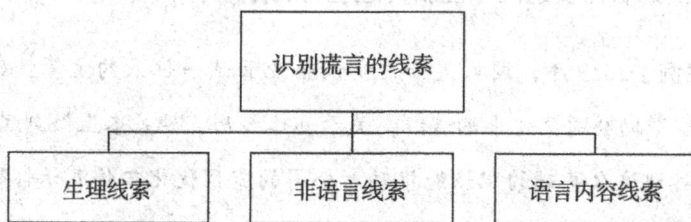

图 5-2　识别谎言的三种线索

生理线索多用于刑侦案件审讯，显然不适合在面试中运用；非语言线索对面试官的技术和经验要求非常高，较难掌握，可作为辅助手段；语言内容线索则相对容易掌握。因此，面试官主要通过挖掘语言内容线索，同时辅以非语言线索来识别谎言。

在面试中，一些应聘者会顺应面试官的喜好，隐藏自己的价值取向，虚构某些情节，如以下这样的回答。

这样的事情很多，我基本上都是和同事一起完成工作的。

我不会和同事发生争执，都是大家一起做，也没有什么矛盾。

有时我们也会加班，其实大家在一起还是比较愉快的……

上面这些回答使面试官无法判断应聘者的真实水平。

情节可以模仿，细节却不能复制。细节往往是潜意识的流露。面试官一定要追问行为细节，了解事情的来龙去脉，以此判断应聘者的真实水平并验证事件的真假。

3. 行为细节需要通过追问获得

行为面试的关键点是行为，面试官要判断应聘者的能力，就必须了解应聘者在关键行为事件中的行为细节，即应聘者在当时的情景下究竟是怎么做的，包括他的所思所想、感受和愿望，尽可能让应聘者详细而具体地描述自己的行为和想法。面试官需要追问才能获得这些行为细节。

[**案例**] 2019年，国内某知名空调企业面试一位采购主管，她在简历中谈到她曾帮助公司优化采购流程，关于具体经历，她基本上做到了对答如流。面试官对她这么基础的职位能推动大公司的流程优化工作表示怀疑，于是问她公司有哪些人参与了这件事情？她的科长（直接上司）起了什么作用？谁提出来要做这个项目的？谁在进行具体策划？优化采购流程时如果涉及其他部门的事情，是由谁来协调沟通的？她自己做了哪些工作？通过这些问题，面试官得知这个项目是采购部部长提出来的，她的直接上司负责具体的策划和协调工作，她只是承担了一些数据分析与资料整理工作。

面试官要在应聘者提供的大量信息中寻找关键点顺势询问，特别是在发现了一些疑点和漏洞时，面试官要围绕这些问题及时询问应聘者，了解事情真相，避免出现面试盲点。

二、应聘者自我包装的五种表现

很多应聘者的简历都是经过包装的，里面或多或少掺杂了水分。在回答面试官的提问时，应聘者也会有一定的修饰或谎言。面试官一定要擦亮眼睛看清楚，不要被他们"忽悠"了。应聘者包装自己时主要有以下五种表现，如图5-3所示。

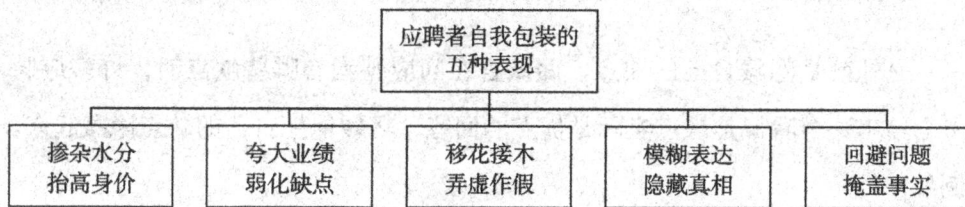

```
              ┌──────────────┐
              │  应聘者自我包装的  │
              │    五种表现     │
              └──────────────┘
   ┌────────┬────────┬────────┬────────┬────────┐
┌──────┐ ┌──────┐ ┌──────┐ ┌──────┐ ┌──────┐
│掺杂水分│ │夸大业绩│ │移花接木│ │模糊表达│ │回避问题│
│抬高身价│ │弱化缺点│ │弄虚作假│ │隐藏真相│ │掩盖事实│
└──────┘ └──────┘ └──────┘ └──────┘ └──────┘
```

图 5-3　应聘者自我包装的五种表现

1. 表现一：掺杂水分、抬高身价

第一是在学历上掺杂水分。例如，有的人第一学历是大专，第二学历是自考本科，他在简历上不写第一学历只写第二学历，而且不写明是自考，让面试官误以为他的第一学历是全日制本科。还有的人读的是在职研究生研修班，只有一个结业证并没有毕业证，但他在简历中不注明，让面试官误以为他是研究生学历。

第二是在职位上掺杂水分。例如，有的人的职务是主管，在简历上却写经理；有的人的职务是经理，并不带团队，他却把自己包装成一个带团队的部门经理。

2.表现二：夸大业绩、弱化缺点

夸大工作业绩，是指应聘者把自己某些很一般的表现包装成很突出的表现。

[**案例**] 某位应届毕业生曾在某省的外经贸厅实习做翻译工作，负责接待越南代表团。越南驻华大使对接待工作比较满意，在会议结束后说了一两句表扬的话，这些话也就是礼节性的客套话。这位学生就把它说成自己得到了越南驻华大使的高度表扬。面试官通过追问了解到，当时负责接待的工作人员有几十人，而且越南代表团中大部分人都会说中文，几乎没有给她突出表现的机会。

另外就是隐藏自己的缺点。面试官在问应聘者有哪些缺点时，许多应聘者会给出一个看似是缺点实际是优点的回答，巧妙地把自己的缺点隐藏起来。例如，

> 我对工作太投入，经常很晚才下班，不注意休息；
> 我的性子比较急，不能容忍工作怠慢，总是在第一时间完成工作；
> 我做事过于追求完美，对下属要求过于严格。

3.表现三：移花接木、弄虚作假

移花接木是指应聘者将别人的故事套用在自己身上，第一种情况是应聘者将别人做的事情、取得的业绩、获得的荣誉说成是自己的，如阅读过同事的开发方案，参与了开发过程后，将自己形容成开发项目的负责人，推动并成功完成了工作；第二种情况是用"我们"代替"我"，应聘者总讲我们或大家如何如何，从不提及自己做了什么。

[**案例**] 有一位应聘者这样回答面试官："在项目启动前，我们准备了大

量的资料，分析了行业发展趋势和竞争对手情况。准备充分后，我们开始着
手调研，然后就是谈判沟通。在经过数轮的会议讨论后，我们终于拿下了这
个项目，与客户签了合同。"在这个答复中，应聘者在一系列工作中扮演了什
么角色，真正做了哪些工作，起了哪些作用，面试官是不知道的。

4. 表现四：模糊表达、隐藏真相

有些应聘者在回答问题时常常使用一些不确定的词，如"也许""似乎""大
概""基本上""可能""好像"。

[案例] 一位应聘者这样回答面试官："我基本上都是和同事一起完成工
作的。我这个人不会和同事发生争执，基本上都是大家一起做，也没有什么
矛盾。有时我们也会加班，其实大家在一起工作还是比较愉快的……"基本
上是什么频率？有时会加班是多长时间加一次？每次加班多长时间？这里面
的很多细节都非常模糊，面试官无法根据这些信息做出判断。

5. 表现五：回避问题、掩盖事实

有些应聘者很喜欢用"我认为""我觉得"的句式表达个人观点而非实际
行动。

[案例] 如果应聘者回答："我认为我是能够承受工作压力的，我觉得作
为客户服务人员，就应该尽心尽力为客户服务。"这只是应聘者的一种主观看
法，并不能说明他在实际工作中就是这么做的。

有些应聘者不谈过去只谈意愿，多使用"如果……我会"的句式，这只是
一种主观意愿而非实际行动。

[案例] 如果应聘者表示："我总是积极主动的工作，如果承担更多的任

务对我们的工作有利，毫无疑问，我会主动去做的。"这种回答只表达了应聘者的一种意愿，但不能代表他在工作中真的会这样做。

三、面试追问的三个步骤

面试追问可以按以下三步骤进行，如图 5-4 所示。

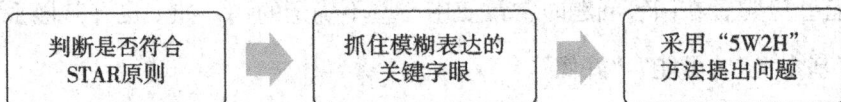

判断是否符合 STAR 原则	→	抓住模糊表达的关键字眼	→	采用"5W2H"方法提出问题

图 5-4　面试追问的三个步骤

1. 第一步：判断是否符合 STAR 原则

面试官要注意分析应聘者回答的内容是否符合 STAR 原则，是否包含背景、任务、行为、结果四个要素，缺了任何一个要素都需要追问。在追问的过程中，面试官通常会花很多时间询问行为细节，但往往会忽略行为事件的背景。由于不同情景下相同的行为体现了应聘者不同的能力，因此面试官了解行为事件的背景十分关键。面试官还要看应聘者回答的内容是否符合深层次 STAR 原则，有些应聘者的答复符合 STAR 原则，但有很多细节不具体、不清晰，属于非深层次 STAR 问题，面试官同样需要追问。

[案例] 某应聘者回答："当时，我发现在最后期限前可能完不了工，我就找了几个骨干一起商量，首先我们在思想上取得了一致，然后鼓励整个团队的士气，带领项目组全力投入工作，加班加点，克服困难，终于按计划完成了任务。"这位应聘者的回答 STAR 结构基本完整，但很多信息不够清晰，属于非深层次 STAR 问题。面试官还需要追问："为什么最后期限完不了工？

原来的计划是怎样的？你是根据什么信息判断完不了工的？找了哪几位骨干商量？具体是怎么商量的？大家思想上有哪些不一致的地方？采取了哪些方法来达成思想上的一致？如何鼓励团队士气？'我们'都是指谁？加班加了多长时间？克服了哪些困难？"

2.第二步：抓住模糊表达的关键字眼

倾听是追问的重要前提。面试官要克制自己的表达欲望，全神贯注地听应聘者讲话。这样一方面可以体现对应聘者的尊重，另一方面可以捕捉重要的信息，要重点关注或记录值得追问的地方。

面试官要善于抓住一些关键字眼来识别应聘者表述的模糊内容，这样面试会更加高效、快捷。面试官发现应聘者在使用如表 5-1 所示的描述词语时，要进行追问。

表 5-1　面试追问中需要留意的关键字眼

	解释	应聘者回答举例	关键字眼	追问问题
模糊信息	信息模糊不清、不具体	一般来说，我跟同事的关系大致良好，但有些同事与他们相处时会出现问题	一般来说、通常、大致、大概	您说的是一般、大致、大概，具体好到什么程度
		我超时工作的情况大概中等		每天超时多少？每周有多少天会超时工作
主观意见	个人的信念、观点、想法	我认为作为领导人才，最重要的是具备指导员工的能力，这一点是优秀领导与普通管理者的区别	我认为，我想，我觉得	您说的我认为、觉得、想，实际是怎样的
		如果你去问我的同事，我相信他们会说我是一名具有团队精神的组员	如果……我相信	您说的如果，实际是怎样的
		可能是因为我对工作有热情，我的下属也热爱工作	可能、应该……	您说的可能、应该，实际是怎样的

（续表）

	解释	应聘者回答举例	关键字眼	追问问题
未做之事	打算做却还未做的事情	下次我再面对别人的抗拒和反对时，我会懂得如何处理	下次……我会	您过去是怎么做的
		如果/假如由我来决定，我应该在设计获批准后才开始生产	如果/假如……我会	您说的如果、假如，实际是怎样的
他人之事	别人做的事	我们负责编制项目建议书，直接呈送给客户	我们、每个人、大家	您说的我们、大家，您在其中扮演了什么角色？你参与了哪些工作

面试官在倾听时可以配合眼神、面部表情和其他肢体语言向对方表达自己对其意见的关注，从而增强彼此的信任度。当应聘者的回答与自己的观点有较大出入时，面试官需要有控制自己非语言行为的能力，尽量不让自己失望的情绪从语调、面部表情、肢体动作中表露出来。

3. 第三步：从"5W2H"的角度提出问题

追问的基本逻辑就是面试官对应聘者表达的内容充满好奇，不断地运用"什么""怎么""为什么""多少"等问下去，直至对他的情况了然于胸。如果你不知道该问什么，只需要说"请告诉我更多"或者"请再具体讲讲"，应聘者就会继续说下去。

为了使追问的问题更加细化，可将 STAR 原则细化为 5W2H 方法。

What: 发生了什么事情？面临的任务是什么？要解决的问题是什么？结果如何？造成了什么样的影响？

When: 什么时候发生的？什么时间开始？什么时候结束？多长时间一次？

Where: 在哪里发生的？

Who: 哪些人参与了？你的角色是什么？

Why: 为什么会发生这样的事？为什么要这么做？当时你是怎么想的？

How：你是怎么做的？具体经过是怎样的？

How many/much：花了多少钱？用了多长时间？

追问越深入、越有针对性，面试官就越能获得应聘者真实、丰富的信息，同时追问也是一个复杂的、高难度的工作，面试官必须注意把握追问的时机和尺度，尽量使追问适时、适度。

适时是指刚开始面试时不宜追问，因为这时是双方建立信任关系的阶段，面试官频繁追问会使应聘者过于紧张。

适度是指面试官在对应聘者进行追问时应考虑应聘者的情感因素，以及问题的敏感性。尽量避开个人隐私；不管应聘者如何回答，都要尊重其看法，不可故意贬低甚至讽刺应聘者；要注意尺度，不能一味地采用压迫式提问，尽量不问比较唐突的问题。

四、面试追问的七大招式

面试官在追问时可以采用以下七大招式，如图 5-5 所示。

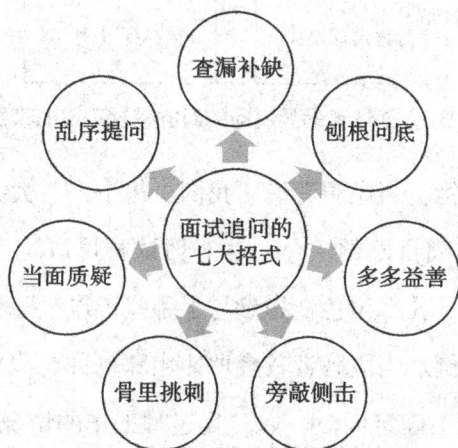

图 5-5　面试追问的七大招式

1. 招式一：查漏补缺

查漏补缺是指面试官针对行为事例不可或缺的四个部分进行提问，完整的行为事例应包含情景、任务、行动和结果。"查漏补缺"式追问的题目有"请把这个事情发生的背景再详细讲述一下""对于当时的背景、某人的反应等，您能不能讲得更为详细一些""请讲述你的一个亲身经历""事情的最终结果是怎样的"等。面试官提出这种类型的问题就是要求应聘者提供更多的信息。

2. 招式二：刨根问底

如果应聘者的回答比较模糊、不够具体，面试官就要像剥洋葱一样，按照"STAR 原则"把情景、任务、行为、结果问清楚、问完整，直到真相大白或对方答不出来为止。面试官需要追问以下四类模糊不清的事例，如图 5-6 所示。

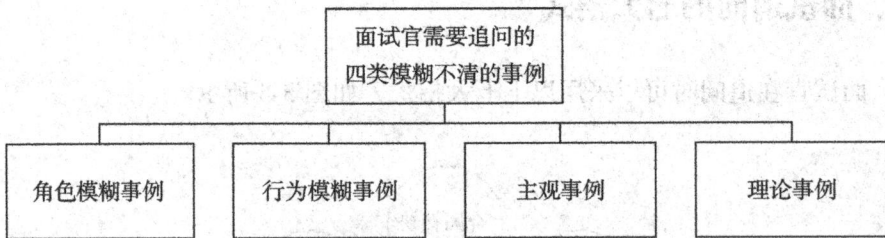

图 5-6   面试官需要追问的四类模糊不清的事例

一是角色模糊事例。当应聘者说"我们、每个人、大家"而不怎么提及自己时，他可能就在模糊自己的角色，这时面试官可以这么问："您说的我们、大家，您在其中扮演了什么角色？您参与了哪些工作？"

二是行为模糊事例。当应聘者较多地使用"也许、似乎、大致、大概、一般来说、基本上"等不确定词时，如"我超时工作的情况大概中等"，面试官可以这么问："您说的一般、大致、大概，具体到什么程度？你每天超时工作多长时间？每周有多少天超时工作？"

三是主观事例。 当应聘者使用"我认为、我想、我觉得"等词时，如"我认为作为一个领导，关键是关心下属"，他只是在表达主观意愿，而不是描述自己的真实情况，这时面试官可以这么问："您说的我认为、觉得、想，实际情况是怎样的？"

四是理论事例。 当应聘者使用"如果……""下次、我会"等词时，如"要开发一个新的市场，首先我会做市场调查，然后我会发布广告"，他说的是一种理论式假设，而不是真实发生的事情，这时面试官可以这么问："您说的是您会，那您过去是怎么做的呢？"

3. 招式三：多多益善

这个招式鼓励应聘者尽量多陈述，提供更多的信息，面试官追问的问题没有特定的指向，只是鼓励他们多讲，例如，"请告诉我更多一些！""还有呢？""请接着讲！""关于……请讲得再仔细一些""我对……比较感兴趣，你能告诉我更多的信息吗？""你刚刚提到了……但讲得过于简略，能为我们更深入地讲述一下吗？"。

4. 招式四：旁敲侧击

对于有工作经验的应聘者，面试官可以通过挖掘其离职原因了解其求职动机。但是，如果面试官直接询问应聘者离职的原因，一般很难得到真实的答案。所以在面试过程中，面试官应该提出一些不带任何倾向、开放式的问题，要求应聘者进行陈述式回答，而不是主观评价，尽量使问题看起来和求职动机无关。面试官在探询时要营造轻松的氛围，从多个侧面了解应聘者在工作中的状况，特别是对原企业和工作的满意度，让应聘者表现出自己的真实特征。

以探询离职原因为例，面试官可以从应聘者的职务变动和升迁的轨迹、公司业务发展情况、对加班和出差等的承受程度、对上司领导风格和企业文化的偏好、对权力和地位的欲望、对物质和精神激励的侧重程度等多个角度，了解应聘者是由于对哪些方面不满意而离职的。常用的追问示例如下。

目前所在公司的发展状况如何？业务增长趋势如何？（追问：你觉得目前哪些行业比较有前景？你会选择哪些行业？）

公司的作息时间是什么样的？工作环境如何？（追问：觉得很累吧？需不需要加班呢？有没有时间做些自己想做的事情，如陪女朋友逛街？）

你的直接上司是什么风格？他分配工作、评价员工绩效的方式如何？（追问：挽留你时，他跟你说过什么？你是怎样回答的？）

原来公司的企业文化是什么样的？（追问：你希望新公司的文化是什么样的？）

你目前任职的这家公司有哪些空缺职位？你可以胜任哪些职位？自己尝试过申请吗？（追问：你对新职位的期望是怎么样的？）

这份工作让你学到了什么？公司哪些部门、哪些岗位、哪些员工在公司、老板心目中的地位比较突出？（追问：你的职位和这些重要职位曾经出现过哪些矛盾？你是怎样协调的？你在工作中做出了哪些突出的业绩？）

原公司的薪资水平如何？相对同行业来说竞争力如何？（追问：你希望新工作的薪酬达到什么水平？）

面试官在提出以上这些问题时要按照从大到小的顺序，从大方向到具体事项逐渐收拢。当然，面试官也不用把这些问题全部问完，只询问几个关键问题即可。

5. 招式五：骨里挑刺

当应聘者陈述他的观点时，面试官要重点抓住应聘者答复中不全面的地方或有漏洞的地方问下去。例如，应聘者说自己的缺点是没有工作经验，面试官可以这样说："对应届毕业生来说，没有工作经验是正常的，这不算缺点，请你说说其他方面的不足。"

[案例] 一位应聘者说自己的缺点是过于追求完美，而面试官在他的简历中发现了几处错别字，于是问他："你觉得你的简历做得很完美吗？在你的简历里难道没有一个错别字吗？"这位应聘者支支吾吾地回答："确实有很多不完美的地方。"

6. 招式六：当面质疑

有时候，应聘者反复讲述某一内容，或者说的某些话不符合常理，这时面试官可以针对这些地方直接提出质疑，以压力提问的方式试探对方的反应。如果应聘者说的是假的，经过一两轮这样的提问后，一般应聘者都会承认自己说谎。一般面试官可以这么说："我觉得你在说谎""我认为你说的是假的""我不相信你说的""这种情况是不可能发生的"。

[案例] 一家总部在广州的企业去武汉开展校园招聘，面试官问应聘者为什么要来应聘他们公司，很多应聘者都说他们的女朋友或家人在广州。连问几位学生都是这样的回答，这引起了面试官的怀疑，当后面几位应聘者也这样回答时，面试官直接提出质疑："我怀疑你说的是假的！你们班怎么有这么多人的女朋友在广州？"经过一番质疑，有四个学生承认他们撒谎了。

7. 招式七：乱序提问

为了保证应聘者回答问题的真实性，面试官应设计多个同样指向求职动机的问题，把各种问题打乱设置在面试过程中的不同阶段来提问，并对这些回答进行比对和验证，这样做可以更好地把握应聘者叙述内容的真实性。如果应聘者的回答看起来比较自然，而且几次回答的内容比较一致，或者从逻辑上有清晰的内在联系，面试官就可以相信他叙述内容的真实性。如果在几处答复中有一处存在问题，或者相互之间出现矛盾，那么应聘者回答的真实性就要大打折扣。

[**案例**] 一家 IT 企业面试运维工程师时，面试官问应聘者："你选择企业的标准是什么？"应聘者的回答是："能做比较大的项目，能得到锻炼，希望自己能够稳定下来，用十年的时间沉淀一些东西。"交流了一段时间后，面试官又问他："你还有什么要问我们的吗？"他说："如果我进入公司，我能负责多少台服务器。"原来他是想通过了解每位运维工程师负责的服务器的数量，判断这家公司的技术水平特别是自动化运维水平的高低。通过分析，面试官就可以得出结论：这位应聘者的求职动机是希望得到锻炼和提升。

需要注意的是，在使用乱序提问法时，面试官最好做一些记录，问完某些问题后，一定要设法将话题转回来，做到"形乱而神不乱"。

总之，面对形形色色的应聘者，面试官只要充分了解他们的特点，采用上述几种追问方法，就能够考察出应聘者的真实水平。

第六讲

超级观察：炼就一双火眼金睛

一、借我借我一双慧眼吧

1. 面试察言观色九字箴言

[案例]有一天李鸿章带了三个人请曾国藩任命，当时曾国藩刚吃饱饭正在散步。他有饭后缓行三千步的习惯，所以那三人就在一旁恭候。散步之后，李鸿章请他接见那三人，曾国藩却说不必了。李鸿章很惊讶，曾国藩说："在散步时，我已看过那三个人了，第一个人低头不敢仰视，是个忠厚之人，可以给他安排保守的工作；第二个人喜欢作假，在人前很恭敬，等我一转身，便左顾右盼，将来必定阳奉阴违，不能任用；第三个人双目平视，始终挺立不动，他的功名将不在你我之下，可委以重任。"后来三人的发展，果然不出曾国藩所料，第三个人就是军事家刘铭传。

这个故事说明，一个人流露在外的行为可以反映他的真实状态，包括他的能力、个性、品行。那么在面试中，面试官应该如何对应聘者进行察言观色呢？

人类学家雷·博威斯特指出：在一次面对面的交流中，语言传递出的信息量在总信息量中所占的份额还不到35%，剩下超过65%的信息都是通过非语言交流方式传递出去的。非语言信息，尤其是体态语言，不仅具有先天性或习惯性，而且是人们无意识或半意识状态下显示出来的，是人们内心状态的真实反映，比语言信息更真实、更可靠。语言信息可能会"言不由衷"，非语言信息却常常是"真情流露"，它能对语言信息的真实性起到验证的作用。

非语言信息可以分为三类：第一类是有声的、未经过加工的语言，如脱口而出的话、口头禅、习惯性的尾音、语速语调；第二类是无声的身体语言，即身体各个部位无意识的动作，如眨眼、摸鼻子等；第三类是无声的习惯，如外表形象、穿着打扮，这些都能表露出一个人的内心活动。面试官可以从这三个方面观察和判断应聘者的行为，也就是听其言、观其行、察其色，每一个方面还可以进一步细分，具体如表 6-1 所示。

表 6-1 面试官察言观色九字箴言

听其言	观其行	察其色
类语言（言谈方式、语速语调、口头禅）	体态语言（手势、握手、坐姿、走姿）	外表（相貌、体型、发型、穿着、微表情与眼神）

面试官要通过听其言、观其行、察其色练就"火眼金睛"，尤其是注意细致观察应聘者言谈举止间的小细节、小动作，多总结、多比较、多分析，逐渐积累经验。

2.面试官察言观色的关键点

面试官要做到察言观色，很重要的一点就是要营造轻松自然的面试环境，让应聘者彻底放松，卸去伪装，回归其本质和自然状态。面试官察言观色的步骤如图 6-1 所示。

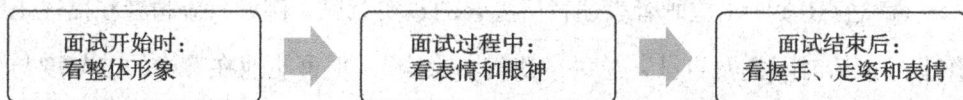

面试开始时：看整体形象	⇒	面试过程中：看表情和眼神	⇒	面试结束后：看握手、走姿和表情

图 6-1 面试官察言观色的步骤

应聘者进入面试现场后，面试官往往先看其整体形象，包括相貌、身材体型、衣着打扮、发型等,判断应聘者的形象是否符合职业和岗位的定位,即外表与职业是否契合。例如,一个不修边幅的人做销售工作是不太靠谱的,做研发工作却可以;一个穿着打扮夸张的美女应聘财务岗位往往是不让人放心的。

接下来面试官看应聘者的精神面貌、表情和眼神。精神饱满、走路快而有力、眼睛明亮等说明应聘者的精神面貌很好,健康、自信、积极、精力充沛并有工作激情。反之,则是暗淡消极之人。

在回答提问或陈述观点时,面试官要关注应聘者的眼神、语速语调、面部表情和手势等。如果应聘者的面部表情丰富、声情并茂,手势较多,讲到兴奋处两眼冒光,说明其描述的工作内容大多是真实的且是其引以为傲的。反之,如果应聘者眼神迷离或不敢直视面试官,语速语调平淡无力,面部表情不自然、手脚在抖,或者有一些不自然的动作(如脸红、挠头、口吃、吮手指、面部抽搐、大量出汗等),说明他的工作能力一般或在说谎。同时,面试官要注意观察应聘者的语言表达与行为举止是否一致,如果应聘者说"我做得很好"但是坐得不安稳或皱眉,说明其多半在说谎。

此外,应聘者在表情与语言上的一些明显变化也需要面试官特别关注,可能其存在不真实的表述:一是声音突然发生变化,如说话节奏突然变快或变慢,音调突然变高或变低,音量突然变大或变小;二是表达方式突然发生变化,如之前说话直接,突然变得拐弯抹角;之前比较随意,突然措辞变得正式。

面试官还要听出应聘者表述背后隐含的真实意思。例如,应聘者在描述工作上的事情时不提及自己,总说"我们、大家",很可能他在其中的参与度与贡献度较小;如果他反复讲述某一内容(生怕别人不相信),对同一问题的回答前后不一致(有逻辑漏洞),那么他撒谎的可能性非常大;如果他对鸡毛蒜皮的小事都能对答如流,很有可能也在撒谎,特别是时间相隔较长的事情。

面试结束在应聘者离开时，面试官可以通过与其握手告别、看其走路姿势和表情发现他在心态和情绪上的端倪，如主动要求握手，并力度适中，说明其懂礼节并有诚意；走路脚步轻快，说明其内心愉悦，对本次面试自我评价良好。

需要注意的是，面试官也要注意自己的行为举止，目光要恰到好处，俯视、斜视、直视应聘者，都会使对方感到不平等、紧张。一般来说，面试官的目光大体要在应聘者的嘴、头顶和脸颊两侧这个范围内活动，并伴以亲和的表情和目光，给对方一种面试官在认真倾听的感觉。

面试官在听应聘者回答问题时，还应伴以适当的点头等动作。因为点头是双方沟通的一种信号，点头意味着面试官注意听并且听懂了他的回答，或者表示面试官与他有同感，可以让对方感到心情愉悦。但是面试官要选择在无关紧要处点头，这与听报告或讲课时的点头不同，不分时机点头容易泄漏答案，影响面试结果。

3. 说谎者的常见行为举止

由于非语言信息具有真实性，所以观察应聘者的行为可以帮助面试官辨别应聘者话语的真假，从而看清他的"庐山真面目"。心理学家通过研究发现，有以下五种行为表现的人通常说谎的概率非常高，如图 6-2 所示。

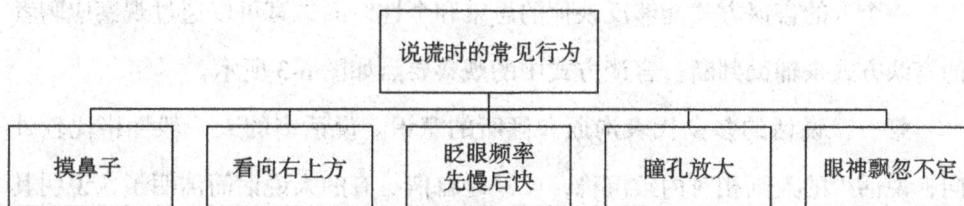

```
                    说谎时的常见行为
   ┌──────┬──────────┬──────────┬──────────┬──────────┐
 摸鼻子   看向右上方   眨眼频率      瞳孔放大   眼神飘忽不定
                     先慢后快
```

图 6-2　说谎时的常见行为

（1）摸鼻子。人在撒谎时，潜意识中会感到局促不安，这种不安会影响身体的生理系统，让体内多余的血液瞬间集中到脸上，从而使鼻子的海绵体结构膨胀出几毫米，这时说谎者会下意识地摸鼻子。

（2）看向右上方。人眼球的运动并不是随意的，而是会在潜意识里表达内心活动。心理学家认为，人往左看代表他正在回忆，往右看则代表他在动用情感创造词汇，即在脑海中创建一些现实中没有的事物。

（3）眨眼频率先慢后快。人在撒谎时眨眼的频率会先慢后快。此外，通过眨眼频率也可以判断听众对发言者的话题是否感兴趣。眨眼频率加快表示感兴趣，正在不断思考；眨眼频率变慢则表示不感兴趣，甚至发困。

（4）瞳孔放大。在古希腊，拥有判决权的人曾用瞳孔放大来判断一个人说的话是否真实，这是因为人说谎的时候精神就会紧张，瞳孔也会随之放大。一个人可以通过面部表情掩饰情绪，瞳孔却骗不了人，因为这是本能反应。

（5）眼神飘忽不定。不常撒谎的人在说谎后，会刻意避开别人的目光。

二、听其言：听锣听声，听话听音

俗话说，听锣听声，听话听音。面试官可以从以下三个方面听其言。

1. 从言谈方式看思维

一个人的言谈方式能够反映他的思维和个性，面试官可以通过观察应聘者的言谈方式来辅助判断。言谈方式中的观察要点如图 6-3 所示。

第一，说话的多少代表沟通和倾听的意识。 说话多的人一般性格比较外向，说话少的人则相对内敛沉稳，或缺乏自信。有的人说话简洁明了，说明其性格比较果断。说话喋喋不休的人，一般心胸狭小，喜欢推卸责任。

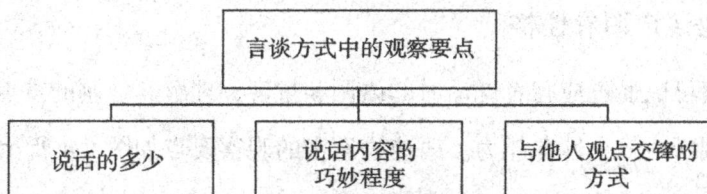

图 6-3 言谈方式中的观察要点

第二，说话内容的巧妙程度代表思维的敏捷程度与为人处世方式。有的人能说会道，说明他思维比较敏捷，情商高。经常说一些奇思妙语的人，大多比较聪明、有创造力。

喜欢自嘲的人，通常豁达乐观、包容大度；说话刻薄的人，一般为人比较挑剔，人缘较差，需要具备较强人际关系能力的岗位不能聘用这种人；喜欢发牢骚的人，则比较好逸恶劳、自私自利，这类人不能担当大任。

喜欢说笑话、活跃气氛的人，一般亲切随和，比较有同情心，情商高，这类人通常人际关系不错，适合从事人际交往的工作，如市场开拓、营销、销售、人力资源等。

说话含糊其辞、见风使舵的人，原则性不强，缺乏忠诚度；说话喜欢旁敲侧击的人，洞察力强，可以安排其从事一些与人打交道比较多的工作。

第三，从与他人观点交锋的方式可以看出一个人是否自信、有亲和力和责任心。喜欢与别人争辩的人，通常好胜心、自尊心强。如果是有理有据就坚持、在必要的时候放弃自己观点的人，这种人是比较讲道理，能够成就一番事业。无论有理没理都要争胜的人，通常容易推卸责任，这种人不能从事重要的工作。喜欢纠正他人观点的人，自信、强势、直率、单纯；喜欢打断他人说话的人，急躁冲动、独断专行，人缘可能会比较差；喜欢用证据说服对方的人，思维严谨、洞察力强，可以从事一些分析与规划类的工作。

2. 从语速语调看性格

面试官可以通过应聘者说话时的语调和重音，理解其强调的重点及态度倾向，从而判断他的个性和能力。语速语调中的观察要点如图6-4所示。

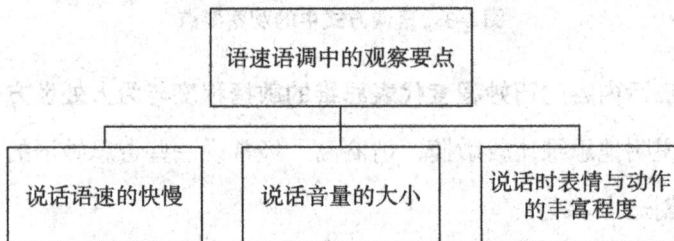

```
            ┌─────────────────────┐
            │  语速语调中的观察要点  │
            └─────────────────────┘
        ┌────────────┼────────────┐
 ┌──────────────┐ ┌──────────────┐ ┌──────────────┐
 │ 说话语速的快慢 │ │ 说话音量的大小 │ │ 说话时表情与动作 │
 │              │ │              │ │   的丰富程度    │
 └──────────────┘ └──────────────┘ └──────────────┘
```

图6-4 语速语调中的观察要点

第一，说话语速的快慢代表思维敏捷程度和个性稳重程度。 说话像打机关枪似的人，一般性格比较外向，做事麻利，脾气也比较急躁。说话慢条斯理的人，往往性格内敛，做事成熟稳重，对问题深思熟虑。说话断断续续、停顿较多的人，大多反应较慢、不够自信。

第二，说话音量的大小代表自信和谨慎程度。 说话大声的人，通常性格豪爽耿直，同时也会脾气暴躁。说话小声的人，则谨小慎微，自信心不足。说话低沉的人，大多比较稳重谨慎。面试官也要注意，有的应聘者为了表现自己有领导气质，会故意压低声音装深沉。说话抑扬顿挫的人，往往感情丰富、感染力强，在人际开拓方面会有不错的表现。说话一直保持一个声调、不紧不慢的人，往往性格内向、忠厚老实，缺乏创造力，在人际交往方面较难打开局面。

第三，说话时表情与动作的丰富程度代表内外向程度。 说话时表情丰富的人，通常性格外向，有激情，而且是非分明，所有喜怒哀乐全表现在脸上。说话身体语言丰富的人，往往好胜心强，有表现欲，喜欢抛头露面。

3. 口头禅就是心禅

有一年教师节的时候，某网站向大家征集上学时老师常说的口头禅，如以下几句口头禅。

- 我在办公室都能听到你们的声音，整栋楼就属你们班最吵。

- 你们是我带过的最差的一届。

- 你们考不好其实跟我一点关系都没有，我照样拿工资。

- 你们读书不是给我读的，而是给自己读的。

- 不想听的人可以睡觉。不要以为我看不见。

- 你不学可以，不要影响其他人。

- 其实你们都不笨，就是不动脑子。

- 这道题我已讲过很多遍了，还错！

- 这又是一道送分题。

- 体育老师今天有事，这节课我来上。

不管网友是哪个年代、哪个省的，总能在这里找到老师的口头禅。这是因为口头禅跟人的职业与工作特点相关。

口头禅并不是与生俱来的，而是在人们长期生活中慢慢形成的，与人的性格、生活遭遇或精神状态密切相关。从这个意义上说，口头禅其实是一种心禅，标志着人的心理状态和性格特点。从不同的口头禅里，我们可以大致读懂一个人的心。表 6-2 梳理出了人们常说的口头禅及其所表达的含义。

表 6-2　人们常说的口头禅及其表达的含义

口头禅	表达含义
说真的、老实说、的确、不骗你	担心对方误解自己的意思，性格急躁，内心常有不平
差不多吧、随便（吃饭）	安于现状，缺乏主见，目标不明确，做事不严谨

（续表）

口头禅	表达含义
必须、必定会、一定要	自信、理智、冷静，专制固执，有领导欲望
应该	对事情没有太大的把握，不够自信，或者了解不深，有说谎的可能
听说、据说、听人讲	自信心、决断力不够，处事圆滑，推卸责任
可能是吧、或许是吧、大概是吧	自我防卫意识强，处事冷静
但是、不过	委婉，性格温和
啊、呀、这个、那个、嗯	词汇量少，反应速度慢，或有城府
真的	缺乏自信
看我的、没问题	充满自信，乐于承担责任
绝对	武断，缺少自知之明
在我的字典里	比较自我，以个人为中心
习惯使用流行词汇	学习能力强，性格外向，喜欢引人注目
习惯使用外来语言	虚荣心强，爱夸奖自己
习惯使用地方方言	自信心强，个性十足

[**案例**]面试官在面试一位咨询顾问时，发现其思维能力、专业能力、形象气质、谈吐都不错，只是他在回答问题时总说"在我的字典里"。经过背景调查，面试官发现这位应聘者确实比较自我，在执行项目的过程中缺乏客户导向，曾和客气发生过几次争吵。

三、观其行：体态语言暴露人的内心

[**案例**]有一个笑话。老师怀疑学生吸烟，就把他们叫到办公室逐一询问。老师问："老实说，你吸烟吗？"男生 A 回答："不吸。"老师说："不吸？嗯，吃根薯条吧。"A 很自然地伸出两根手指夹住薯条……老师："这还

叫不吸？把你家长叫来……"老师用同样的方法继续试探，学生们都露馅了，男生 B 在蘸番茄酱时蘸多了，马上用手指弹了弹；男生 C 接过薯条后顺手就夹在了耳朵上……

从这个笑话中我们可以看出，一个人非常容易说谎，他的行为举止却暴露了问题。因此，面试官观察应聘者的行为非常关键，我们称之为观其行。

观其行就是注意观察应聘者的体态语言。体态语言表达的往往是人心中的真实意思。例如，人在表示同意、肯定或赞许时会点头；表示反对、否定或批评时会摇头；嘲笑他人时会"嗤之以鼻"；得意忘形时会"趾高气扬"；反省时会"扪心自问"；心藏怒火时会"横眉紧锁""牙关紧咬"；非常高兴时会"喜笑颜开""手舞足蹈"。这些现象都表明，内在情感能够通过体态语言表现出来。

体态语言是人在长期生活中逐步形成的。不同心理素质的人，其身体动作的表现形式是不同的，这也给面试官评价和判断应聘者提供了一个重要依据。面试官应重点关注的体态语言有以下几点。

1. 从手势看情绪

面试官可以通过应聘者的手势变化大致猜出对方的想法和情绪。手势的观察要点如图 6-5 所示。

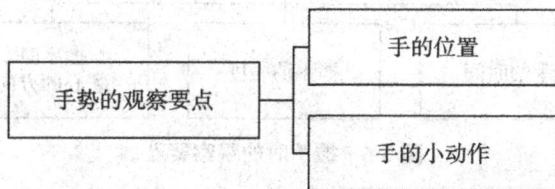

图 6-5 手势的观察要点

第一，手的位置反映了应聘者自信与放松的程度。例如，应聘者面试时手臂自然张开，代表了他处于一种放松的状态，如果在整个面试过程中，他一直是这种状态，就说明他比较开朗、自信。有的应聘者会将双臂交叉抱于胸前，这是一种典型的防卫式姿势。

第二，通过观察手的小动作也能看出应聘者的情绪状态。 例如，手指不停地转动手里的东西，说明应聘者有点烦躁不安、心不在焉。应聘者在回答问题时不停地挠头，代表他不知所措，没有找到答案。如果应聘者用手摸后脑勺，则表示他有些懊悔、羞涩、不好意思。偶尔有一些手臂挥动，表达出的是一种必胜心态，说明应聘者有意志力。如果应聘者在说话时手臂乱舞，就表明这个人有点做作，有撒谎的可能。

当然，通常来说面试还是比较严肃的，应聘者可能不会出现一些比较夸张的手势。在平时工作中，如果发现有人走路时双手背在后面，则说明他自信、放松。站立时双手叉腰，则表示这个人处于比较自信的状态，愿意接受挑战。

2. 从握手看修养

通过握手，面试官可以发现应聘者的个性、素质修养和心理状态。握手时的观察要点如图 6-6 所示。

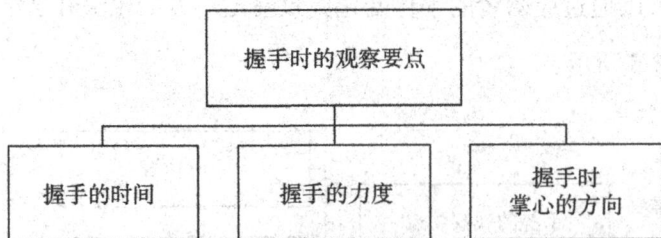

```
           ┌──────────────────┐
           │   握手时的观察要点   │
           └──────────────────┘
      ┌────────────┼────────────┐
┌──────────┐ ┌──────────┐ ┌──────────┐
│ 握手的时间 │ │ 握手的力度 │ │  握手时   │
│          │ │          │ │ 掌心的方向 │
└──────────┘ └──────────┘ └──────────┘
```

图 6-6　握手时的观察要点

第一，握手的时间代表了对对方的尊重和热忱度。 握手时间短，说明应聘者对公司不太感兴趣，或者待人不热情。

第二，握手的力度代表了自信心、坚韧性。 握手时比较有力度，说明应聘者的主动性强，性格外向，办事讲究效率，但也容易急躁。握手时软弱无力，说明应聘者可能缺乏坚强的个性，遇事容易优柔寡断。

第三，握手时掌心的方向体现出其是否有支配他人的欲望。握手时掌心向下，说明他掌控欲比较强，喜欢支配、压制别人。握手时掌心向上，代表诚实、谦逊、服从。握手时只抓指尖是缺乏诚意的意思。

握手时双手握住对方，说明他热忱温和、心地善良，对人能推心置腹，喜怒形于色且爱憎分明。握手时握住对方久久不放的人，往往情感丰富，喜欢交朋友，同时说明他不太懂礼仪，情商不高。

3. 从坐姿看性格

面试官通过坐姿也可以了解应聘者的性格和心理。坐姿的观察要点如图6-7所示。

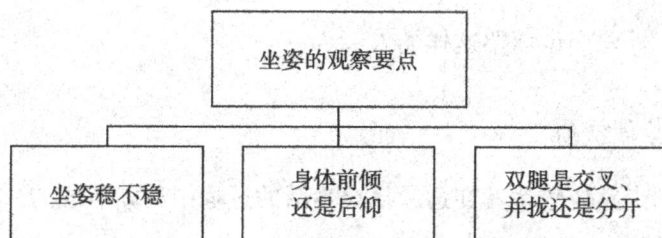

图 6-7　坐姿的观察要点

第一，坐姿是否安稳反映了个性是否沉稳。坐的时候昂首挺胸、双目平视的人，通常比较自信、乐观、大度，管理岗位需要这样的人。坐姿不正、弯腰驼背的人，通常精神萎靡、不够自信。正襟危坐、目不斜视的人，严谨、周密、沉稳，但创新能力不足，财务和行政类工作需要这样的人才，但这类人不适合研发岗位。

身体蜷缩在一起、把手夹在双腿之中的人缺乏自信。如果应聘者坐不稳，就像座椅使他感到不舒服似的，说明他紧张、不自在。

第二，身体前倾还是后仰，体现了这个人对对方是尊重还是轻视。身体前倾而坐、直视对方的人，表明他对对方的话题感兴趣。坐的时候身体后仰的人，一般比较傲慢，以自我为中心，这种人通常团队协作能力和人际关系不太好。

[**案例**] 在一次多对一的面试过程中，有一位应聘者进入面试现场后，全程都是身体后仰靠椅背坐着。虽然他的专业能力还可以，但是在评分讨论时，总经理对其他参与面试的人说一定不能要这个应聘者，从他的坐姿就能反映出他目中无人，以后团队合作会出现问题。通过查阅他的在线素质测评发现，这位应聘者的团队合作得分确实非常低。

第三，通过观察应聘者的双腿是交叉、并拢还是分开的，可以看出他当时的心情是沉着、紧张还是放松的。坐着时双腿紧紧并拢，表示这个人胆怯害羞、紧张焦虑。双腿不断地相互碰撞或抖动，说明他心不在焉。抖腿是一个很不好的习惯，外联岗位慎招这样的人。

4. 从走姿看气质

每个人的走路姿势是其在适应社会生活的过程中逐渐形成的，人们的性格特点已经慢慢固化在走路的姿势里了。走姿的观察要点如图 6-8 所示。

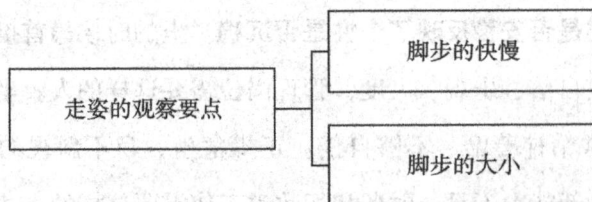

图 6-8　走姿的观察要点

第一，脚步的快慢反映了作风的干练程度。走路时脚步轻快，说明这个人做事麻利、雷厉风行。走路慢的人，一般比较谨慎、稳重、踏实。走路时连蹦带跳的人，一般性格活泼开朗，也比较单纯，没有心机。

第二，脚步的大小反映了个性是果断还是谨慎。走路时脚步小且轻的人，通常比较谨小慎微，服从性好。走路时脚步大、步点急促的人，一般精明能干、自信、有魄力。走路时昂首挺胸的人，多自信、思维敏捷，组织能力强，有领导气质。

四、察其色：确认过眼神

察其色就是面试官要注意应聘者的形象语言。所谓形象语言，是指一个人通过穿着、打扮、面部表情等传递信息、表达情感时的非语言符号。形象语言能够表明主体的身份、地位和职业，而且可以表达情感，传递价值观。

1. 人可貌相，相由心生

从心理学的角度说，每个人的相貌反映着其对应的身体和心理状态，例如，一个身体健康、心情愉悦的人，通常是天庭饱满、红光满面、神采奕奕的。相反，一个身患疾病或苦恼忧愁的人通常是眉头紧锁的。

在面试过程中，面试官主要观察一个人从相貌中展现出来的气质，例如，不苟言笑的人通常比较内向严谨，总是面带微笑的人亲和力强，慈眉善目的人通常有一颗同情心，眉宇间透出一股英气的人通常正气凛然、自信、有魄力。

2. 体型中的性格心理学

德国精神病医生克雷奇米尔通过大量的临床研究发现，体型不同的人，性格也有所不同，美国医生谢尔登则进一步发展了克雷奇米尔的理论。

他们认为，身躯庞大的人大多比较温和，能较好地控制情绪，而且稳定性较好。因为一个身材高大的人要想唤起身心并真正愤怒起来，需要消耗大量的时间和体力。有研究人员曾对80名体重超过200磅的人进行追踪调查，结果显示，其中68人喜欢安逸舒适的生活，只有4人愿意尝试充满刺激的生活。相对而言，身材小巧的人容易冲动和兴奋，具有更大的爆发力。

因此，面试官既不要选择"大块头应聘者"从事那些需要快速反应、高度灵巧的工作，也不要强迫矮小精干的应聘者完成需要耐心的工作。

当然，体型论也存在一些弊病，因为体型的胖瘦可能会随着环境、年龄的变化而变化，不能机械套用。

此外，**体型也能够体现一个人的自律性**，如果一个人的身材比较匀称、健美，就说明他平时一定很勤奋、有毅力，因为他需要持续不断地坚持锻炼，才能保持这么好的身材。

3. 发型是人的第二张脸

头发是人体中一个很重要的组成部分，关系着人的整体形象。不同的发型显示着人们的不同性格和心理。发型的观察要点如图6-9所示。

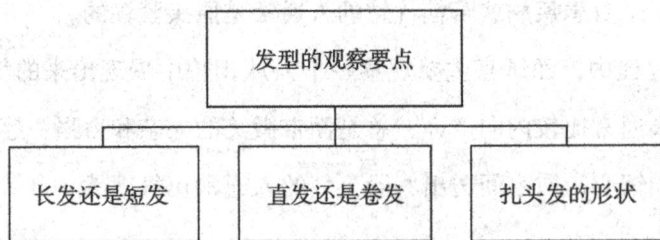

图6-9　发型的观察要点

头发的长度反映了女性应聘者的耐心和细致程度，因为打理一头长发需要较多的时间和精力。

留长直发的女性通常内心淳朴、温柔善良。有的女性的头发长度超出了一般的范围，如过膝，有的甚至到脚跟了。留超长发的女性一般比较坚韧、有耐心、细致，也比较偏执，可能会走极端。留中长发的女性中规中矩，既不守旧也不主动冲在前面，容易满足。

扎马尾的女性比较活泼开朗、有朝气。扎麻花辫的女性大多做事按部就班，比较严谨、固执。

将长发盘成一个髻的女性则比较端庄，自律性强，对自己要求比较严格，思想也比较传统，不喜欢改变。

留短直发的女性，通常比较干练豁达，充满朝气，做事麻利，有条理，不少女性白领特别是高管都是留短发的。

笔者根据之前带团队的经历，发现了一个有意思的统计结果。工作比较严谨细致、成熟稳重的女性都是留长发的，工作比较粗心的女性都是留短发的，当然她们也比较活泼开朗，人际交往能力强一些。

总的来说，长发越长，心思越细腻，越有耐心，性格上有柔情的一面；头发越短，越干练，越麻利，性格上有坚毅的一面。

在发型方面男性没有女性那么讲究，面试官观察起来相对简单一些。不太注重发型的人，性格也比较随性。比较注重发型的人，也比较好面子。发型一丝不苟、梳理得整整齐齐的人，为人处世也是比较严谨的。发型比较前卫的人，大多比较追赶潮流。

无论是男性还是女性，发型越普通，其个性就越大众化；发型越特别，其性格越倾向于特立独行。

4. 穿着体现品位

爱美之心，人皆有之，穿着打扮能体现一个人的品位、爱好、审美、生活状况以及时尚嗅觉。穿着的观察要点如图6-10所示。

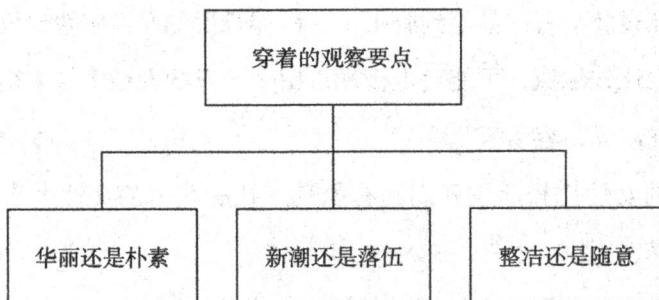

図 6-10　穿着的观察要点

衣着华丽的人，通常虚荣心强，注意生活品质，也比较在意别人的看法。衣着朴素的人，往往比较低调务实，能够吃苦耐劳。

衣着新潮的人，往往接受新事物快，但容易喜新厌旧，比较单纯。相应地，衣着落伍的人，可能个性孤僻，难以融入团队。

衣着整洁、得体的人，通常做事比较有条理，人际关系能力较强，人缘好。衣着随意或凌乱的人，往往性格内敛，不善于交际，喜欢钻研专业问题，如专业技术人员。

[案例] 在一家工程公司里，有一位工程部副经理总是把头发梳得油光可鉴，穿着也比较新潮，而且非常整洁干净、一尘不染。虽然他的专业水平不错，刚加入公司不到半年，但是招聘专家预测这位副经理在公司的时间不会超过一年。有人表示不解，专家解释道："作为工程部副经理，他应该大部分时间去工地开展走动式管理，他这个穿着就说明他去工地少，且与公司其他同事朴素的穿着风格不匹配，说明他还没有融入公司。"果然几个月后这位副经理就辞职了。

5.表情就是心情

表情是指运用眉、眼、鼻、嘴等面部器官来交流信息、表达情感时的非语言符号。人体语言学的创立者伯德惠斯特尔指出，人的脸部可做出大约 2.5 万种表情，是非语言信息中最丰富、最集中的地方。

在面试过程中，面试官借助于对应聘者面部表情的观察与分析，可以判断应聘者的情绪、态度、自信心、反应能力、思维的敏捷性、性格特征、人际交往能力和诚实度等素质特征。表情的特点是动作"微"和消失"快"，比较难以观察，所以也叫"微表情"。

在面试的时候，如果应聘者总是面带微笑，说明他比较自信、情商高；时而开口大笑，说明他性格开朗、豪爽；用嘴捂着笑，则表明他有点害羞，比较单纯。如果应聘者做出撇嘴的动作，说明他对这个话题或事情不屑一顾。如果应聘者表情丰富，说明他的性格比较热情活泼。如果他总是面无表情，就说明他缺少人情味，不易相处。

很多时候，面部表情是可以骗人的。有的人明明情绪很激动，却会伪装成面无表情的样子；有的人明明很难过，却会表现出非常潇洒的状态。所以，面试官必须学会去伪存真，抓住应聘者真实的面部表情。

6. 你的眼睛背叛了你的心

应聘者从眼睛中泄露出来的秘密，是面试官需要重点关注的内容。意大利艺术家达芬奇曾有过"眼睛是心灵的窗户"的论述，还有一句歌词叫"你的眼睛背叛了你的心"，这些都体现了眼睛的微观动作能显示内心情感的功能。眼睛的观察要点如图 6-11 所示。

```
                    ┌─────────────┐
                    │ 眼睛的观察要点 │
                    └──────┬──────┘
     ┌────────┬────────┬──┴──┬────────┬────────┐
┌────────┐┌────────┐┌────────┐┌────────┐┌────────┐
│ 眨眼的频率 ││ 瞳孔的大小 ││ 视线的高低 ││ 注视的时间 ││ 眉毛的形状 │
└────────┘└────────┘└────────┘└────────┘└────────┘
```

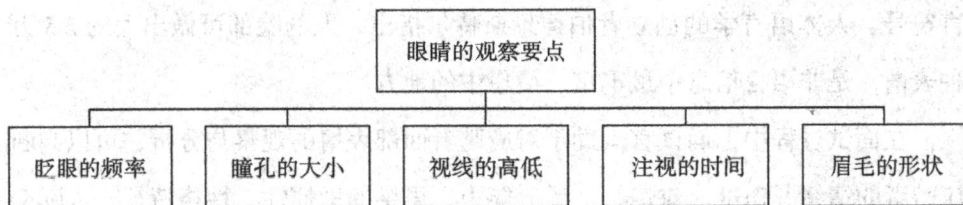

图 6-11　眼睛的观察要点

心理学家通过研究发现，当一个人的心理压力突然增大时，他眨眼的频率也会增加。当一个人说谎时，他的心理压力骤增，每分钟眨眼的次数可比正常情况下多一倍以上。

此处说的"瞳孔放大"，是指人眼里放光，传递出的是正面信息，代表着喜悦、兴奋，说明他对话题感兴趣；瞳孔收缩，传递出的是负面信息，代表着厌恶、愤怒，说明他有戒备心。

视线的高低代表应聘者对面试官是否尊重或对话题是否感兴趣。应聘者向上看面试官，表示尊敬、敬畏；应聘者向下看面试官，则代表傲慢。一边说话，一边东张西望或遥望远方，表示应聘者对话题不感兴趣。

注视时间的长短，反映应聘者对谈话内容的感兴趣程度。应聘者长时间注视面试官，表示对内容感兴趣，或有挑衅或施加某种压力的意思。长时间用友好而坦诚的眼神看对方，间或还会眨眨眼睛，则可能表示应聘者对面试官比较欣赏。如果应聘者上下打量面试官，则表示他蔑视对方，清高自傲，喜欢支配他人。如果遇到这样的应聘者，面试官就要慎重考虑是否录用。如果应聘者不注视面试官，或回避面试官，可能是其不诚实的表现，也可能是不自信，或对话题不感兴趣。

此外，眼睛上方的眉毛在面部占有重要的位置，双眉的舒展、收拢、扬起、下垂可以反映出人的内心活动。眉毛其实就是一张心情的晴雨表，每当人的心情发生变化时，眉毛的形状也会随之改变。

双眉上扬，代表非常欣喜或极度惊讶。单眉上扬，代表不理解或有疑问。皱起眉头，说明陷入困境，或是拒绝、不赞成。眉头紧锁，表示内心忧虑、犹豫不决。眉心舒展，说明心情愉快。

以上总结的行为观察的各个方面不是孤立的，面试官应当把应聘者在各个方面的表现联系起来，进行综合分析和判断，不可一叶障目、不见泰山。

第七讲

超级评价：谁是你的 Mr. Right

一、面试评价的六个误区

面试的最后一项工作是面试官评价应聘者，并对他的能力高下、性格特征、求职动机等进行界定，确定他是否符合岗位要求。许多面试官在进行面试评价时常常陷入以下六个误区，如图 7-1 所示。

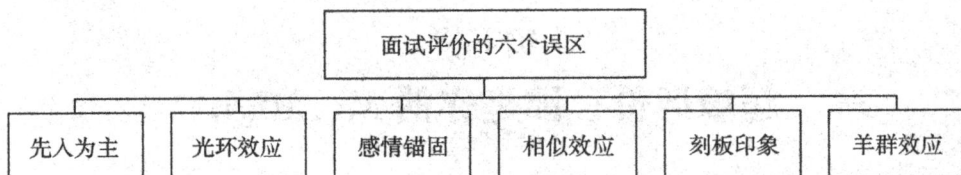

```
          ┌───────────────────┐
          │  面试评价的六个误区  │
          └───────────────────┘
  ┌──────┬──────┬──────┬──────┬──────┬──────┐
┌────┐ ┌────┐ ┌────┐ ┌────┐ ┌────┐ ┌────┐
│先入为主│ │光环效应│ │感情锚固│ │相似效应│ │刻板印象│ │羊群效应│
└────┘ └────┘ └────┘ └────┘ └────┘ └────┘
```

图 7-1　面试评价的六个误区

1. 误区一：先入为主

先入为主也叫首因效应，人们往往根据第一印象形成判断，并寻找一些信息来支持这一判断，而对那些可能有悖于这一结论的证据视而不见。在人才招聘面试与人事决策中，由于先入为主的偏见，哪位面试官都不愿意寻找论据来推翻先前对应聘者的判断，因为人们不愿意轻易否定自己最先做出的决定，最终导致选错人而使公司蒙受损失。

2. 误区二：光环效应

名牌效应、明星效应、名人效应等现象，都可以归于"光环效应"的心理陷阱。企业在招聘过程中，强调学历、名牌大学毕业、名企工作经历等便是陷入这种陷阱的体现。须知，即使在知名大公司中，也有三分之一的人不称职。

3. 误区三：感情锚固

感情锚固与先入为主有相似之处。在招聘面试与人事决策中，感情锚固表现为面试官用自己熟悉的人作为参照来判断应聘者，而不考虑应聘者自身的优点和职位的要求。感情锚固让人们无法看清实际环境和他人。感情锚固与记忆的遗忘曲线相关，在有众多应聘者的一系列面试中，第一个和最后一个应聘者会得到面试官更多的关注，而那些被排在中间的应聘者，往往会被面试官在潜意识中打包成了"中等"人选。

4. 误区四：相似效应

相似效应是指面试官将自己的个性特征和价值观当作组织的价值观，并选择那些和他们相似的应聘者。如果面试官经常使用这种方法，组织很快就会形成一支"克隆人部队"，不利于组织多样化。有研究表明：面试官更有可能对那些与他们有着相似人口统计学特征的人给予积极评价，如出生地区、宗教信仰、受教育程度。

5. 误区五：刻板印象

刻板印象，是指人们对某个事物或物体形成的一种固定的看法，并把这种看法推而广之，认为这个事物的整体都具有该特征，而忽视了个体差异。通常来说，那些属于人口统计学特征中的普遍群体，容易获得面试官的青睐。

大量证据表明，面试过程中面试官对女性应聘者的积极评价少于男性应聘者，尤其是在某些工作被默认为更适合男性的情况下，包括一些管理类岗位和技术类岗位。因为人们对女性的刻板印象是热情的、体贴的，而不是有竞争力的、有野心的。这种刻板印象显然不正确。

此外，面试官对应聘者的年龄、学历、毕业学校也容易产生歧视，认为年纪大的应聘者缺乏学习创新能力；低学历、毕业学校较差的人的智商与思维能力较差。其实事实却不完全如此。

6. 误区六：羊群效应

在因群居而形成的人类社会关系中，人们往往倾向于随大流，从众心理和群体压力无处不在。在面试过程中，一些面试官会存在从众心态，如受职位较高或资历较深的面试官的影响做出相同的评价，或者与其他面试官保持意见一致而不敢发表自己的不同看法，这些现象将导致面试结果出现偏差。也许某位面试官质疑或担心的因素，恰恰是应聘者的软肋。

二、面试评价的六不原则

在进行面试评价时，面试官需要遵守以下六个原则，如图 7-2 所示。

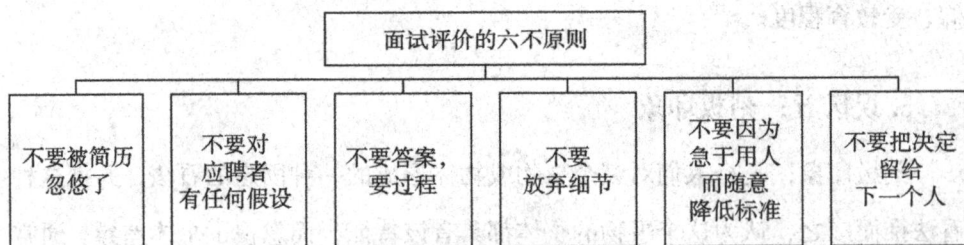

图 7-2　面试评价的六不原则

1. 原则一：不要被简历忽悠了

简历并不能全面反映应聘者的真实情况。例如，应聘者的简历上写的是名校毕业或知名企业的工作经历，但应聘者的真实水平如何，还需要面试官作进一步核实。例如，应聘者的简历上写的是精通 Java 语言，到底他精通到什么程度，面试官只有通过面试才能大致了解。越是在简历上把自己写得特别优秀的人，面试官越要去验证。

2. 原则二：不要对应聘者有任何假设

在面试过程中，面试官要想方设法发现应聘者的问题，给面试评价提供有效的判断依据。有些面试官看到应聘者有多年工作经验，就假设他们在某个方面是合格的；还有的面试官看到应聘者在回答某些问题时口若悬河，就假设对方口才好、有水平，而放弃了追问细节的机会。录用一个不合格的人，不仅对公司不负责，也对应聘者不负责。

3. 原则三：不要答案，要过程

面试官要设计一些题目考察应聘者，特别是对于技术类型的面试，进行笔试是很有必要的。但是，面试官要关注的不是应聘者的答案，而是他们怎样得出答案。微软、谷歌等公司推出的开放式问题，目的就是观察应聘者如何解题。面试官一定要清楚地知道，哪些答案是死的知识点，哪些答案是活的解决方法。应聘者暂时不知道知识点没有关系，他们可以通过学习得到，而解决问题的方法则不是那么容易学到的。

4. 原则四：不要放弃细节

无论是简历，还是应聘者在面试时作的介绍，都是应聘者事先准备好的。要想判断应聘者的真实水平，唯一的办法就是追问细节。面试官要注意，追问细节的目的不是拷问对方，而是了解应聘者对某方面的理解是否源于自己的真实经历，某些说法是否可信等。例如，不少应聘者表示自己的优点是学习能力强，然而当面试官问到他们最近读了什么书、看了什么文章或学到了什么东西时，他们却支支吾吾地说不清楚。

5.原则五：不要因为急于用人而随意降低标准

很多面试官因为急于用人而降低了招聘标准，把一些不符合岗位要求的人招了进来，结果反而造成了更大的麻烦。马云说得好："招人要慢，开人要快。"特别是对于核心岗位来说，面试官要坚持宁缺勿滥的原则，如果应聘者不符合要求，就坚决不予录用。

6.原则六：不要把决定权留给下一个人

通常一家公司招聘一个人要经过多轮面试，最终结果往往需要大家讨论，或领导拍板。有些面试官认为自己只是一个环节，决定权在后面的人手里。这种心理会在很大程度上影响面试的效果。无论最终结果是大家讨论，还是领导拍板，每个面试官的观点和依据都很重要，否则为什么安排你去面试呢？

三、定量评价：紧扣评价指标

面试评价分为定量评价和定性评价两种。定量评价有以下五个要点，如图7-3 所示。

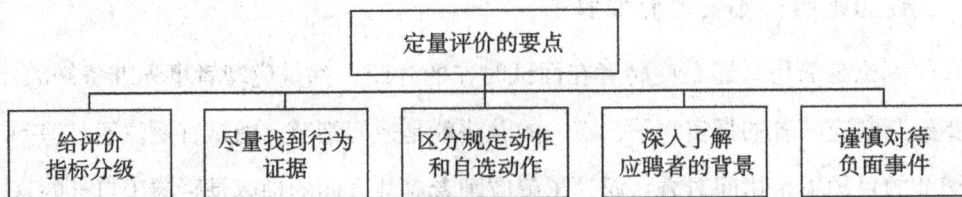

图 7-3　定量评价的要点

1. 给评价指标分级

从严格意义上说，评价指标应该划分等级，如优秀、合格和不合格等。例如，主动性指标可以分为以下四个等级。

等级 0（不合格）：等待别人吩咐才行动。

等级 1（合格）：向领导询问该做什么。

等级 2（良好）：提出建议，然后采取相应的行动。

等级 3（优秀）：自己主动行事，然后定期汇报。

评价指标分级的好处在于，可以使评分更加科学严谨，同时能统一多位面试官的评分尺度。

如果公司为某一类岗位构建了胜任力模型，面试官可以按照胜任力模型指标的行为等级进行评分。如果公司没有胜任力模型，面试官可以按照附录一提供的"胜任力词典"来构建简单版的模型，但是附录一中的"胜任力词典"只提供了指标的定义，并没有行为等级。以下技巧可以对所有指标进行快速的行为等级划分。

等级 0（不合格）：没有表现出相应的行为。

等级 1（合格）：大多数人都会采用的常规行为。

等级 2（良好）：根据存在的问题采取有针对性的行为。

等级 3（优秀）：有创新、超常规的行为。

2. 尽量找到行为证据

在面试前，面试官一定要深刻理解面试的评价指标和评分标准。如果有多位面试官，面试前几位面试官还要对目标岗位要求、提问思路、评分标准达成一致意见。评分时，面试官需要通过讨论、提供行为证据等方式进行充分沟通，给出一个恰当的、客观的分数。

[**案例**] 沟通能力是面试官要考察的一个常用指标，一般可以分解为沟通意愿、沟通技巧、倾听反馈和人际洞察几个维度。在一次面试中，应聘者A语言表达流畅，逻辑性强，声音也很洪亮，但是他不愿意听别人说话，总是自己说个不停，也没有注意到面试官有让他停止讲话的意图，反而有点让人反感；应聘者B虽然声音小，语言表达比较简洁，但重点突出，而且能够对他人的话进行反馈，容易让他人接受。通过对照评价指标和评分标准，面试官经过讨论，给应聘者A的沟通能力评为中等（72分），给应聘者B的沟通能力评为良（80分）。

3. 区分规定动作和自选动作

应聘者描述的行为事件里的行为是面试官评分的重要依据，但是面试官要注意区分这些行为。有些行为是公司制度和流程规定必须做的，应聘者采取了这些行为并不能代表其能力强，但是如果没有这些行为则说明应聘者能力弱，这叫"规定动作"，如目标分解、周例会等。反映应聘者能力的是那些制度和流程没有明确规定的"自选动作"，如从零开始做的项目，这需要创新。

[**案例**] 某家电企业招聘工厂生产管理人员，很多应聘者谈到了开班前会，这属于规定动作，并不能加分。有一位应聘者谈到了在工作中把班前会进行量化，形成一个详细的评分标准，每天进行检查评比，这就属于自选动作了，面试官可以给这位应聘者打高分。

4. 深入了解应聘者的背景

此处说的背景包括家庭背景、教育背景、工作背景等。背景会深深影响一个人的价值观、动机、行为风格和个性偏好等，它是一个人最真实的一面，是了解一个人的窗口，从背景可以看出一个人内在的东西。换句话说，一个人表现出来的一切都是基于背景引发的。

通过准确解读背景，面试官可以捕捉、预测应聘者思想与行为的轨迹。面试官对应聘者的背景了解有多深，对这个人的判断就有多准。

面试官要尽量把应聘者的背景吃透，当然这需要面试官具备很深厚的面试功底，也需要有很丰富的社会阅历。在面试过程中，面试官要尽量了解一个人的发展历史，要考察他的一贯表现和全部工作。

5. 谨慎对待负面事件

有时面试官会问应聘者是否有一些失败的或完成得不够好的工作经历。这些负面事件往往隐藏了应聘者的价值观、求职动机和性格特征等因素，是面试官需要深入挖掘的，但是不能因为有失败经历就全面否定一个人，而应当重点关注应聘者是否能够从失败经历中汲取教训，在之后的工作中是否有明显改善。

[案例] 在面试一位 IT 公司研发经理时，面试官让这位应聘者回忆一件自己印象比较深刻的事情。他说自己部门曾经有一位年轻员工，这位员工被安排到了一个比较有技术难度的项目上，由于经验不足，他出现了工作失误，客户不太满意，就向公司投诉了他。这位研发经理也很严厉地批评和处罚了这位员工，这位员工觉得很委屈，就提出了辞职，结果项目成员更少了，工期也受到了影响。这件事发生以后，这位研发经理进行了认真的总结反思，后来在安排任务前，他会先找员工谈话，指导他要注意哪些方面，并让他做好计划，帮助他梳理项目中的风险点。即使有客户投诉，这位研发经理也没有处罚员工，而是帮助他解决了当前的问题。事后研发经理单独对这位员工

进行了绩效反馈，使他认识到自己的不足，并知道自己在接下来的工作中该如何改进。

经过综合分析，面试官认为这位研发经理在团队管理方面有自己的思考和认识，特别是在培养下属方面取得了进步和提升，可以进入下一轮面试。

四、定性评价：给应聘者画像

1. 应聘者的几种类型

除了按照评价指标进行定量打分外，面试官还要从整体上对应聘者进行定性评价。按照思维与行动两个维度，面试官可以把应聘者分为五种类型，如图7-4所示。

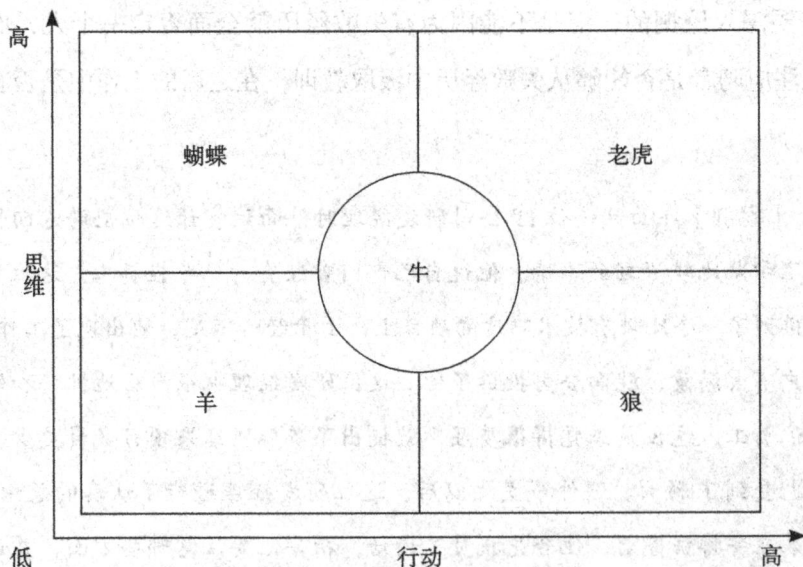

图7-4 应聘者画像的五种类型

行动能力强但思维较弱的人，我们称之为"狼"。"狼"的特点是：在面试中急于表现自己，表达能力较好，但因为思维能力不足，导致看问题的深度不够。这类人的执行力和态度是非常好的，但是思考问题缺乏逻辑性和系统性，适合从事销售、客服或中基层管理工作。

思维与行动都弱的人，我们称之为"羊"。"羊"的特点是：说话不多，语言表达不够流利，所讲的内容也没有什么亮点。这类人能力一般，不适合在重要岗位工作。

思维较强、行动较弱的人，我们称之为"蝴蝶"。"蝴蝶"也是话不多，但是不鸣则已、一鸣惊人，对问题有自己的独到见解，观点往往一针见血、切中要点。这类人只是性格内敛不爱表达，其实能力非常强，企业可以予以重用，这类人特别适合需要创造力的工作岗位，但不太适合与人交流较多的岗位，如营销、客服。

思维与行动都强的人，我们称之为"虎"。"虎"的特点是：思路清晰、有逻辑性，考虑问题比较全面、有高度，能够以小见大、举一反三，语言流畅有感染力，自信心强，有领导气质。这类人的能力非常全面，适合担任领导岗位。但是，他们的支配欲比较强，在倾听方面略显不足，或者过于关注任务目标的达成而对他人的想法关注不够。

还有一类人，属于思维与行动都中等的人，我们称之为"牛"。这类人的智商与情绪都不错，能力比较全面，但缺少个性特点，情绪状态比较稳定，做事踏实靠谱。这类人对组织比较忠诚，但不适合有挑战性的岗位，企业管理者可将其安排在一些利益敏感岗位，如招投标、采购等。

2. 外行如何判断他是一个牛人

在面试过程中，一些 HR 或用人部门负责人并不太了解应聘者的所在岗位或专业领域，那么，在这种情况下，面试官该如何判断应聘者的专业能力呢？

也就是说，如果面试官是外行，该如何判断应聘者是不是牛人呢？

所谓外行看热闹、内行看门道，非专业人士与专业人士的差距是非常明显的，主要体现为以下两点，如表 7-1 所示。

表 7-1　非专业人士与专业人士的差距

话题	非专业人士	专业人士
很小、很细的问题	内容不充实，逻辑不清晰	观点全面系统，以小见大，提出了很多有深度的内容，逻辑清晰
很大、很宽泛的问题	内容很多，但不一定能解释清楚，内行的人也不一定能听明白	简单的几句话就能把问题解释清楚，不懂行的人也能听明白

[**案例**] 一家电网公司招聘电力调控中心工作人员，一位应聘者以前在变电所上班，为了测试他对调控中心是否了解，面试官问他："能否用通俗易懂的话概括一下调控中心的几个部门和专业？"这是一个很宽泛的问题。这位应聘者回答："调控中心的部门分为前中后三层，最前端的是调度部、方式部、市场交易部三个部门；中间是继电保护部、自动化部、通信工程部、通信检修部、通信运维部、安全生产部；最后端的是人力资源部、财务部、纪检监察部等职能部门。调度部相当于轮船上的大副，方式部相当于军队里的参谋，市场交易部就是一个销售部门，继电保护相当于电脑的杀毒软件……"他这么一说，让面试官对调控中心的部门架构理解得更加清晰了。

3. 如何撰写面试评语

在面试的最后，面试官需要为应聘者撰写面试评语，这是非常关键的一项工作。但是，很多面试官只是简单随意地写上几句，描述得不够具体、到位，也没有把应聘者的特点概括清楚，给面试录用决策或下一轮面试提供的参考依据非常有限。如图 7-5 所示的框架，可以帮助面试官撰写面试评语。

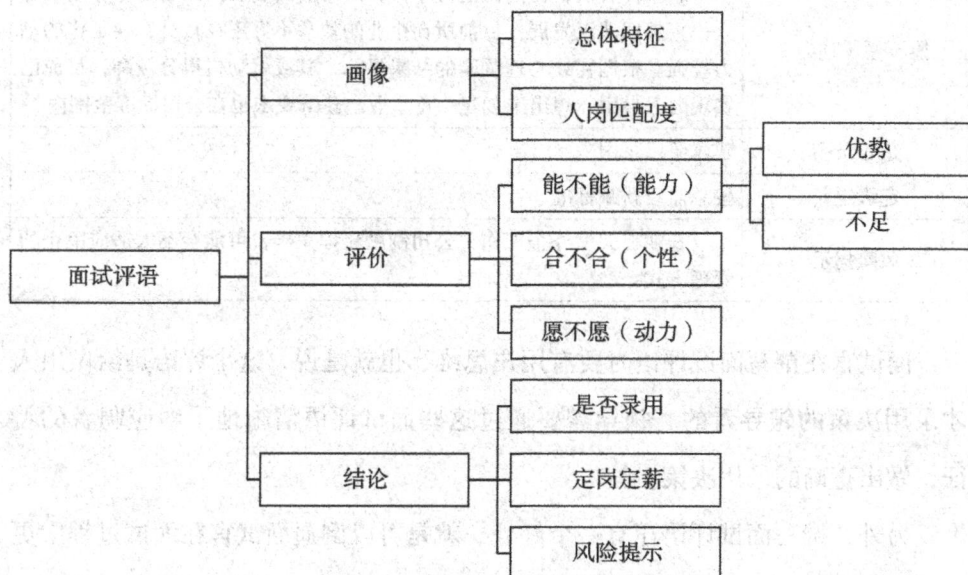

图 7-5　面试评语的标准结构

表 7-2 是优秀面试官为某企业一位营销总监候选人撰写的面试评语的
样例。

表 7-2　某企业营销总监候选人面试评语

画像		有经验的管理人才，符合营销总监岗位要求
能不能	优势	思路清晰，逻辑缜密，考虑问题全面，有多年的营销管理实战经验，对品牌、营销策划、渠道建设等方面都有深入的思考，对行业发展趋势和外部竞争环境也有很多的认识，管理过 2 000 人以上的营销团队
	不足	年龄较大（46 岁），创新能力下降，与下属的年龄有较大差距，可能会存在一代代沟，对管理新生代员工方面会有一些吃力。尽管该候选人的团队管理经验丰富，但是没有从零开始组建过团队
合不合（个性）		性格内敛、沉稳，亲和力强，为人坦诚开放

（续表）

愿不愿（动力）	老家在武汉，目前在上海工作，几年前其妻已回湖北工作，该候选人一直想回武汉发展；目前所在企业的效益不好正在裁员，换工作的动力较强。根据在线心理测验的结果显示，其成就动机得分较高，目前已实现财务自由，想出来创建一番事业。薪酬要求也在公司标准范围内
是否录用	建议予以录用
定级定薪	按总监级薪酬标准
风险提示	长期在大型外企工作，公司制度流程完善，可能会不太适应民企的管理方式

面试官在撰写面试评语时要有用户思维，也就是说，这个评语是给做出人才录用决策的领导看的。领导需要通过这些面试评语清晰地了解应聘者的特征，做出正确的录用决策。

另外，撰写面试评语还有一个好处，就是可以倒逼面试官在面试过程中更加精准、详细地提问追问，避免面试官做出模糊的面试评价。如果面试官写不出这个面试评语，或者面试评语写得不完整，就说明他的面试无效。

第八讲
超级修炼：面试官的自我修养

一、面试官需要避免的行为

虽然有很多的方法和技巧可以保证面试的科学性与准确性，但是这些方法都要通过面试官的运用才能实现，而面试官的个人偏好、情绪、经验和生活阅历、面试方法选择的得当程度等都会影响到面试官对应聘者判断的客观性。一个专业的面试官可以迅速从应聘者中发现适合岗位的人才，一个平庸的面试官很可能会与"千里马"失之交臂。

那么，在面试时，哪些行为是不符合面试官身份的呢？哪些表现是缺乏职业素养的呢？面试官需要避免的行为有以下八类，如图 8-1 所示。

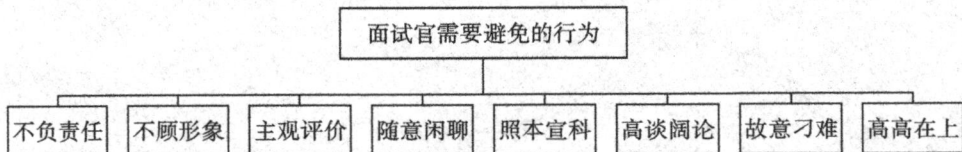

```
            ┌──────────────────┐
            │ 面试官需要避免的行为 │
            └──────────────────┘
  ┌─────┬─────┬─────┬─────┬─────┬─────┬─────┬─────┐
┌────┐┌────┐┌────┐┌────┐┌────┐┌────┐┌────┐┌────┐
│不负责任││不顾形象││主观评价││随意闲聊││照本宣科││高谈阔论││故意刁难││高高在上│
└────┘└────┘└────┘└────┘└────┘└────┘└────┘└────┘
```

图 8-1　面试官需要避免的行为

1. 负面行为 1：不负责任

不负责任的面试官在面试前对招聘岗位知之甚少，既不愿意花时间熟悉评价标准，也不能认真倾听应聘者的回答，到评价打分时根本无法对应聘者做出全面、真实的判断，最终只能凭自己的感觉胡乱评分。还有的面试官在临近下班或自己有急事要办时，对面试工作草草了事。他们有一个共同的特点就是不负责任，只想快点结束面试，而不考虑面试对应聘者的重要性和对企业的意义。

责任心是面试官应具备的重要素质之一，它会在很大程度上影响面试的效果。面试是一项很严肃的工作，面试官在面试前要认真了解招聘岗位的职责和要求，熟悉评价标准，准备面试要提出的问题。在面试过程中，面试官对每一位应聘者的要求都应保持一致，不能前松后紧或前紧后松，即便自己有紧急的事情需要处理，也要认真、细致地进行面试和评价。

2. 负面行为2：不顾形象

有些面试官不注意外表，如着装不规范、不修边幅；有些面试官行为举止不规范，如坐姿不端正，翘二郎腿，或不停地抖腿等；有些面试官在面试时会做一些与面试无关的事情，如玩手机、接电话；有些面试官会提出一些不合时宜的问题，如个人隐私、政治话题、夫妻感情等；还有的面试官会对应聘者冷嘲热讽，在应聘者还没出门时，就在其背后议论或嘲笑应聘者。

面试官的形象非常重要，他们的一言一行代表了公司形象，对应聘者和面试效果也会产生很大的影响。面试官的形象包括仪表、着装、表情、谈话方式、礼仪修养和精神面貌等。

3. 负面行为3：主观评价

这类面试官的特点是没有经过专业训练，完全凭经验和感觉评价应聘者，经常根据第一印象给应聘者下结论，如果应聘者善于表达，面试官就会觉得应聘者的能力很强。如果应聘者的回答正中下怀，面试官就会对其心生好感；反之，面试官就会给应聘者做出负面的评价。

如果面试过程掺杂了面试官过多的主观意识，就会使结果产生较大的偏差。面试官不要让自己的价值观取代公司要求成为招聘的标准，避免以第一印象和主观直觉来判断应聘者的优劣，要努力找到支撑评价指标的行为证据来科学客观地评价应聘者。

4. 负面行为 4：随意闲聊

这类面试官好像跟每位应聘者都很熟，经常与应聘者进行随意的交流，从谈工作聊到家庭，交流形式也由谈话转化为谈笑，显得浮夸而不专业。更为关键的是，这类面试官在时间上完全没有把控，导致面试时间到了，还没有问出个所以然来，不知道该如何评价应聘者。

在面试过程中，面试官和应聘者作一些轻松的互动是必要的，但是切忌不着边际的闲聊，要有目的地挖掘应聘者背后的真实能力。面试官要注意把控面试进程，不要偏离了主题。

5. 负面行为 5：照本宣科

这类面试官的主要问题是缺乏面试经验，不知道怎么提问，只会按照事先设计好的问题来照本宣科，从第一个问题问到最后一个问题。在与应聘者沟通的过程中，这类面试官一般不会追问，也没有过多的关于其他方面的交流。他们对面试的理论知识有一定的了解，但还不能把技巧和对职位的理解很好地结合在一起，完全按照套路出招，一旦应聘者不按常理出牌，或者应聘者水平比较高，面试官就会不知所措。

这类面试官的能力还不够，他们只适合担任副面试官，平时要多做一些练习和总结。在面试前，这类面试官要做好各项准备工作，预测面试过程中可能发生的各种状况；在面试时，这类面试官要放下心理包袱，根据应聘者的表现与其进行灵活的互动交流。

6. 负面行为 6：高谈阔论

这类面试官的最大特点是爱表达，喜欢卖弄。他们无心了解应聘者的情况，只求淋漓尽致地表现自己。他们不能克制自己说话的欲望，常常会打断应聘者讲话，自己开始口若悬河地"演讲"，根本停不下来。他们以为自己很了不起，在面试时会故意讲几个专业名词，以此展示自己的聪明才智。当应聘者对他的话表示认同和欣赏时，他们就会认为这个应聘者是优秀的。

不要把面试当作炫耀自己的机会。面试官应让应聘者多讲（理想的状态是70%的面试时间由应聘者表达），面试官一边倾听，一边根据情况提问，引导并控制应聘者的话题。

7. 负面行为 7：故意刁难

这类面试官并不关心应聘者有没有能力，公司要不要录用这个人，他们只想提出一些尖锐的问题把对方问倒，以此证明自己的"聪明才智"。当应聘者回答不出来时，面试官还会把答案告诉对方，并进行详细的分析，他们这样做的目的就是要获得成就感。如果应聘者都能回答出来，他们就会感到失望，然后抛出更加刁难的问题直至应聘者答不上来。

面试的目的是选出合适的人，而不是把应聘者难倒。面试官要从岗位要求的核心素质出发，有针对性地提问，让应聘者真实、客观地展现自己。当然，如果为了考验应聘者的应变能力、胸襟是否开阔等素质就另当别论了。

8. 负面行为 8：高高在上

这类面试官表情严肃、眼神傲慢，且不带一丝笑意，经常用"哼""哈"来回应，甚至对应聘者不理不睬。这类面试官会采用盘问或"查户口"的方式提问，似乎随时在寻找对方的漏洞。如果他们不想听了，或者觉得信息足够了，他们就会直接打断应聘者的讲话。

面试是双向的了解过程，面试官和应聘者只是角色不同而已。当然，在面试一些特殊岗位，如市场、销售以及一些对人际沟通、灵活应变能力要求高的岗位，面试官可以适当地营造一种压力氛围，以考察应聘者在压力状态下的心理变化情况。

二、面试官，请戴正你的"官帽"

既然为"官"，在与应聘者斗智斗勇的过程中，面试官就不要忘了自己的身份和定位，要戴正这顶"官帽"，要注意自己的一言一行。超级面试官的优秀之处主要表现在以下六个方面，如图 8-2 所示。

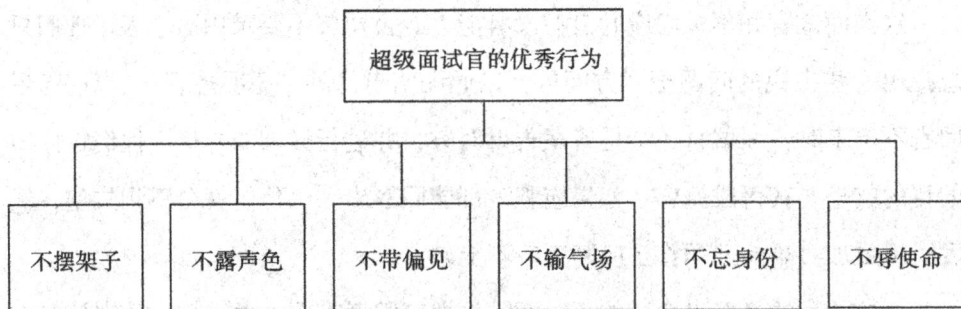

图 8-2　超级面试官的优秀行为

1. 优秀行为 1：不摆架子

超级面试官对应聘者非常有礼貌，在面试过程中始终面带微笑，让应聘者感到轻松愉快且自信心油然而生。他们会认真观察应聘者的表现，让应聘者彻底放松，减少不必要的干扰因素，真实考察应聘者的能力素质。良好的面试氛围会让应聘者感到非常舒心，能够充分讲述自己的背景、取得的成就、行为和思想等。

应聘者和面试官是平等的，无论应聘者的表现好坏，面试官都要做到尊重应聘者。尽管在面试技巧上，面试官可能会采用让应聘者感到较大压力的面试方式，但这些方法的选取，是为了更好地判断应聘者适应职位要求的可能性，而不是贬低、侮辱应聘者。

2. 优秀行为 2：不露声色

面试官会礼貌地向应聘者问好，介绍公司招聘岗位的情况并请应聘者简要介绍自己的基本信息。他们不太问那些常见的问题，在面试过程中始终掌握着交流的主动权。提出的问题看似杂乱无章，其实问题的逻辑十分严谨。他们绝不当着应聘者的面评价应聘者的表现。

面试官表达的内容，以及他的语气语调、肢体动作都会给应聘者带来重要的影响，精明的应聘者会从中觉察出面试官的偏好和倾向。面试官要学会控制自己的情绪。当然，一脸严肃、拒人于千里之外的表现，也不利于应聘者吐露心扉。一种"温和且不失严肃的微笑"是适宜的。这个度很难把握，需要面试官在实践中不断摸索和锻炼。

3. 优秀行为 3：不带偏见

优秀的面试官不会因为应聘者学历低、年纪轻、形象气质不佳、不善言辞，或与自己的观点不同而给出较低的评分或草率结束面试，也不会因为应聘者学历高、工作经历丰富、形象气质好、表达能力强、与自己风格相似等而对他们另眼相待。他们对应聘者的评价摒弃了个人的喜好和倾向，完全基于岗位的胜任素质和评价标准。他们对任何应聘者都会一视同仁地给予全面的剖析，直至准确判断对方能力与岗位的匹配程度。

面试官往往会对与自己风格相似、背景相似、观点相似的应聘者产生额外的好感，这就是个人偏好的影响。面试官对应聘者的判断，应当基于岗位的要求，基于在某种特定标准下的判断，虽然很多应聘者看起来不适合他应聘的岗位，但这不能说明他不优秀、不出色，只不过他应该去寻找更适合他的职位。

4. 优秀行为4：不输气场

这类面试官有着丰富的人生阅历和面试经验，能和不同层级、类型的应聘者交流，在应聘者面前，他们显得谦虚又专业，自信又有亲和力。面对水平高的应聘者，他们能够很好地引导面试进程，既让应聘者尽情发挥，又使对方跳不出他们要考察的范围。他们有较强的洞察力，仿佛能够看透应聘者的内心。

面试也是读人。应聘者希望面对的是一个能和自己在同一个平台上对话的人，一个能读懂他们的人。当面试对象为中高层管理人员时，由于这些应聘者阅历比较丰富，思维的宏观性、抽象性、发散性、跳跃性强，一般人不容易捕捉他们的真实意图和想法，而且他们的影响力、支配欲、心理优越感很强，可能会反客为主地主导面试过程，这时面试比的不是专业、技巧，而是气场。所以，面试官应当不断进行总结与思考，多与人交流学习，不断丰富和完善自己，使自己具备读懂别人特别是那些阅历和经验比自己丰富的应聘者的能力。

5. 优秀行为5：不忘身份

面试官的角色定位很重要，面试官不是领导，不是培训师，更不是演说家，而是考察应聘者能力的人。面试官不能根据自己的喜好选人，而应根据岗位的要求选人。

6. 优秀行为6：不辱使命

面试前，面试官会了解招聘岗位的工作特征、工作难点、需要的资源和支持，明白该岗位人员必备的技能、知识和经验，以及熟悉公司的企业文化与规章制度。在面试过程中，面试官会严格按照规范流程观察、提问、倾听、记录和评价。对于应聘者关心的公司制度，尤其是薪资、福利、员工活动、激励机制等方面的问题，面试官可以适时告诉对方。

因为面试官在一定程度上决定了应聘者的"生死"，也会对企业的人才招聘工作产生重要影响，所以，面试官一定要牢记使命，对自己的工作负责，对企业负责，认真、严谨地进行面试。

三、面试官如何做好印象管理

与应聘者一样，面试官可以通过印象管理来影响应聘者对自己和企业的评价。面试官做好印象管理主要有三种策略，如图 8-3 所示。

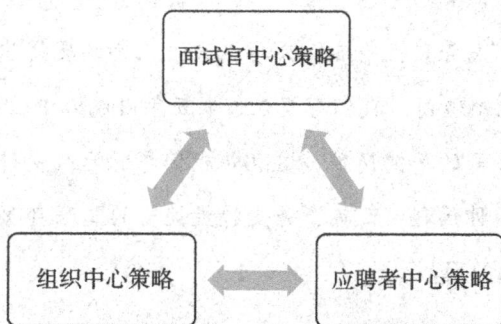

图 8-3　面试官做好印象管理的三种策略

1. 面试官中心策略

面试官可以采取类似应聘者的自荐策略，通过适当地展示自己的个人特质、能力和经验等帮助应聘者加深对工作和企业的了解。例如，面试官可以这样开场。

> 早上好，我叫张××，是这家公司的人力资源部经理。到目前为止，我已经在这个岗位上工作8年了，面试过许多应聘者。在我的职业生涯中，我主持、参与了超过300场面试。希望今天我们能进行愉快的交流。

通过自我介绍，面试官强调了自己在组织中的职位与角色，不仅表明了对应聘者的重视而且通过强调自己的面试经验，进一步展示了自己的面试能力。面试官也可以表现出自己幽默的特质，向应聘者传递公司的工作氛围是非常有趣的等信息。

2. 组织中心策略

就像应聘者会以积极的态度描述自己的品质和成就一样，面试官也可以强调组织的优势，如公司最近获得的成就以及应聘者面试的这一职位的重要性。例如，面试官可以这样向应聘者介绍公司。

> 我们是一家民营科技企业，公司在过去三年发展得非常快，最近已成为国内第二大家电制造商，我们有望在未来五年内成为中国第一大家电制造商。机械工程师是公司的关键岗位，这也是我们愿意为此支付高于市场平均水平的工资，提供各种福利、假期，并支持最优秀的工程师每年参加各种国内外学习交流活动的原因。

当然，面试官也可以策略性地提及公司的弱点，这样可以使应聘者更加信任面试官。

面试官还可以采用其他辅助手段来实施这一策略，如面试时选择有高档家具或精致装饰品的房间，或者为应聘者提供优质的饮料、食物、报刊，给应聘者留下公司有实力的印象。

3. 应聘者中心策略

面试官还可以采取应聘者中心策略，如采用赞美应聘者等方法突出对方与公司的匹配度。例如，面试官可以这样表达。

> 欢迎您，秋慧。很高兴你接受了公司的面试邀请，不得不说，你的简历给我留下了深刻印象。你对工作的主动性以及对可持续发展问题的关注，你参与的相关活动，如植树等，都与公司的核心价值观非常契合。你在大学接受的教育以及你在物流公司的实习经历也非常了不起，可以想象，如果将来你加入到我们公司，应该能很快适应工作，取得进步。

在这段话中，面试官叫出了应聘者的名字，给对方带来一种亲切感；强调植树是他们共同的关注点，以此来提高相互间的匹配度；同时，面试官还提到了应聘者的学习经历及实习经历，表现出对应聘者的关注和了解；最后面试官对应聘者未来的工作有一个简要的目标设定，增强了应聘者对公司的好感。

面试官在表达上述内容的过程中，可以对应聘者微笑，或进行目光接触，时而点头表示认同，这些都可以传递更多的积极信息。

面试官可以同时且多次使用以上三种策略。例如，在面试开始时采用面试官中心策略，在面试过程中使用应聘者中心策略，最后以组织中心策略结束面试。

需要注意的是，面试官千万不要采用欺骗性的印象管理策略，不要夸大自己的能力和公司的成绩来获得应聘者的好感。

四、如何成为超级面试官

1. 面试方法的新趋势

近年来随着科技的进步，出现了一些新的面试手段。例如，面试官通过录影或直播的形式进行的视频面试，有助于企业在非常短的时间内接触更广泛的人才群体；面试官通过虚拟现实（VR）技术可以将应聘者带入一个模拟的三维环境，以便其参观办公室、展现技能或开展面试，有助于双方更真实地评估相互之间的契合度。

[**案例**] 根据领英《2018 中国人才招聘趋势报告》，英国 Vodafone 公司将 AI 面试筛选能力嵌入其软件，将视频面试带入了一个全新的阶段。和常规视频面试一样，应聘者录制一段视频，回答标准化问题。但是，后续观看视频、分析面试表现的不是招聘人员，而是机器人（即编有高级算法程序的计算机）。机器人根据职位要求、其他应聘者的情况以及 Vodafone 最佳员工的特征，从 15 000 个不同维度——从肢体语言到面部表情，从语音语调到讲话节奏——对应聘者是否适合某一职位进行评估。应聘者若能通过此轮面试，将收到现场面试的邀请。

这种面试形式不受地理空间的限制，而且非常便捷，这两个因素都使 Vodafone 公司的人才库得以扩大。视频面试还能吸引被动型应聘者，他们或许不愿意请一天假进行现场面试，但愿意录制一小段面试视频。

AI 技术目前无法完全替代面试官的工作，未来也不会。AI 技术不仅不会取代面试官的工作，还会成为面试官的左膀右臂，帮助面试官更迅速、更智能地分析信息。AI 技术能够帮助面试官自动完成低级别任务，面试官可将更多的时间投入到招聘战略制定和候选人关系维护工作中。领英研究显示，AI 技术最难替代的是面试工作中需要个性化和人性化的部分，因为要让机器具有像人一般的同理心，对技术的要求非常高。

因此，尽管最近出现了很多新的测评手段，传统的行为面试等方式缺乏新意、枯燥乏味，但后者仍在各大公司被广泛使用。当然，新的面试方法（如在面试中增加案例分析、实践任务等）展现出的效果已得到了国内一些招聘人员的认同。

2. 面试官的五大胜任力

并不是所有人都能担任面试官，即便他具备熟悉业务、有多年管理经验等基本条件。面试官需要具备以下五大胜任力，如图 8-4 所示。

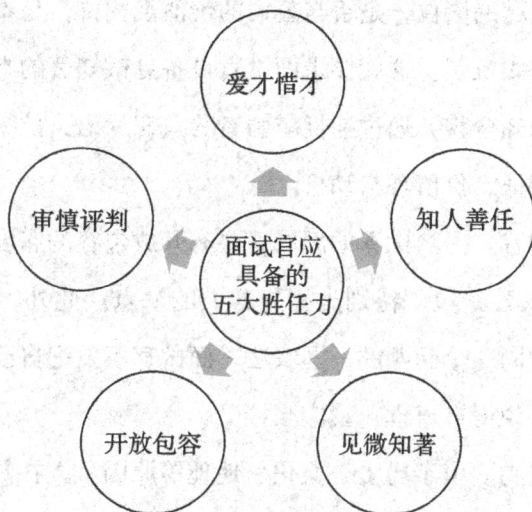

图 8-4　面试官应具备的五大胜任力

第一是爱才惜才。爱才惜才具体表现在面试过程中则是：一方面，面试官要积极聆听应聘者的表达，要做到让应聘者多说、面试官多听；另一方面，面试官要认真挖掘应聘者身上的亮点，每个人都有优缺点，这些特点到底适合什么样的企业及什么样的岗位，需要面试官认真把握。

第二是知人善任。所谓知人，是指了解、识别人才；善任，是指能做到"人尽其才、才尽其用"。面试官最重要的一项技能就是要知道什么样的人适合从事什么的工作。任何人的能力都是相对的，某一特点在这个岗位上是优点，对另一个岗位来说可能就是缺点了。如原则性强、不懂得灵活变通的人做销售工作不行，但是从事质量、安全、审计等监督性工作就非常合适。因此，面试官必须要知道所招聘的岗位的职责与工作目标、工作挑战，以及在组织中该岗位处于什么样的位置。

第三是见微知著。俗话说人心难测，人是世界上最难以琢磨清楚的动物。面试官仅通过几十分钟的交流，就要把一个人的能力、个性、动机摸清楚，并判断他是否适合应聘的岗位，是否与公司的价值观相符，是不是公司未来需要的人才，这真的是太难了。这就要求面试官具备见微知著的本领，要能观一叶而知秋、窥一斑而知全貌，通过捕捉应聘者的只言片语，挖掘其背后反映出的情绪状态、性格特征、价值观与动机。

第四是开放包容。一名优秀的面试官要有开放包容的态度，对各种风格的应聘者都能做到兼容并包，特别是能包容人的缺点。此外，针对在面试过程中，不同应聘者对同一个问题的不同看法，面试官不要把自己的观点当作标准答案，只要应聘者说得有道理，就应当接受。

第五是审慎评判。由于历史、文化、地理等原因，人在长期发展过程中会呈现出一些共同的行为特点。正因如此，人们在与他人交往的过程中，容易受到过去经验的影响，带有某种先入为主的偏见，这样很容易导致评判不够客观。因此，面试官必须要保持审慎的态度，耐心细致地倾听应聘者的回答，认真分析他的行为与语言，谨慎评价他的能力，只要做出评价就一定要有相应的行为证据和逻辑依据，这不仅是对应聘者负责，也是对企业负责。

3. 面试官的五项全能

除了以上五大胜任力以外，面试官还要具备五项基本技能，这五项技能缺一不可，所以称为"五项全能"，如图8-5所示。

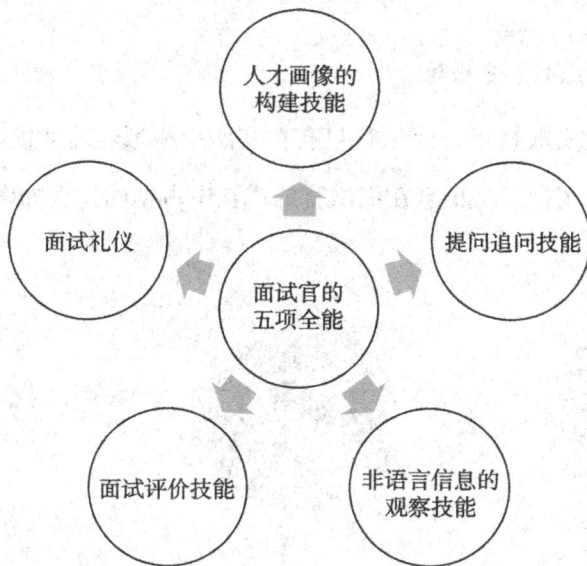

图 8-5　面试官的五项全能

第一项技能是人才画像的构建技能，也就是分析目标候选人需要具备的硬性条件和软性条件，这部分内容在第二讲中已作详细介绍。

第二项技能是提问追问技能，包括面试官快速把握提问点，采用合适的句式收集信息，通过不断追问的方式挖掘行为细节，识别应聘者所说内容的真假，这部分内容在第四讲和第五讲中已经详细介绍。

第三项技能是非语言信息的观察技能，即在面试过程中，面试官要认真观察应聘者的外表、表情、眼神、肢体动作等非语言信息，从而判断他们的能力水平、性格特征、情绪状态。这部分内容已在第六讲中作详细介绍。

第四项技能是面试评价技能，面试官通过提问、追问和观察非语言信息，对应聘者的能力水平、性格特征和求职动机做出评价，并做出是否录用或进入下一轮面试的决定，这部分内容已在第七讲中作详细介绍。

第五项技能是面试礼仪，即在面试过程中，面试官要给予应聘者应有的尊重，营造和谐的面试氛围，这部分内容在本讲中已作介绍。

4. 面试技巧的自我修炼

面试是一门实战技术，面试官只有在实践中积累经验才能提升面试技能。面试技巧培训与实操经验积累在面试官的成长中占据的比例如图 8-6 所示。

图 8-6　面试技巧提升主要靠实践

因此，要成长为超级面试官，一方面要争取更多的面试机会，并及时总结面试经验；另一方面，平时要注意多观察人的行为表现，不断进行总结提炼。

诗之功夫在诗外，识人技巧永无止境，识人既是技术更是艺术。除了参与更多的面试以外，面试官还要提高面试技巧，加强对管理与领导力知识、技能的学习与锻炼，因为面试不是孤立的，它往往与公司的战略规划、企业文化、组织能力、流程建设等高度相关。提高自身的管理素养与领导力水平是面试官提升面试技巧的关键。

第九讲
超级发现：快速识别高潜人才

潜力测评是人才评价的重要组成部分,如今大部分咨询机构都使用线上测评系统协助进行潜力测评。这些潜力测评考察的多是一些先天因素,接近智商、个性等。本讲介绍了高潜人才的六个小特征,当然并不是同时具备这六个特征的人才才算是高潜人才,而是面试官从这六个特征中的任何一个特征入手,就可以判断这个应聘者是否具备高潜特质。

一、有小才华

有这样一个笑话。某天有三个人来某家公司求职,这三个人的其他条件都差不多,只是一个人颜值高,一个人关系广,一个人套路深,最后面试官选了那个会写文章的人。为什么呢?

因为写作需要综合各种复杂、抽象的概念和信息,然后用具体的文字表达出来,难度很大。只要是文章写得好的人,基本上就可以界定为一个有潜力的人。当然,至于他与岗位是否匹配就需要另外考察了。

会写文章的人至少具有以下两个强于一般人的优点。

第一,善于用简明扼要的语言阐述深奥的问题。

第二,看问题的深度、高度比一般人要强。

有一位著名管理者曾经说过这样一句话:不会写文章的人和会写文章的人,五年以后他们的职业发展肯定会产生比较大的差距。

不仅是会写文章,凡是有小才华的人都是比较有潜力的人。这是因为,第一，才华能反映一个人的聪明程度，有小才华的人的学习能力、创新能力比一般人要强；第二，只有在一个领域持续地投入和付出才会有产出，才能表现出相应的才华，因此有小才华的人不仅勤奋，而且具备一定的专注度和坚韧性。

那么，什么是小才华？面试官通过哪些小才华可以判断应聘者是否具备高潜力呢？

首先，所谓小才华，就是该应聘者还没有在这方面形成核心竞争力，也没有凭借这方面的才能获得经济上的收入或职位上的提升等益处。

才华是一种创造能力，它不等于知识，也就是说，有知识的人不一定有才华，只有将知识运用起来才叫作才华。

真正有才华的人，一定会创造出相应的结果。这个结果就可以作为面试官判断应聘者是否有潜力的依据。

[**案例**] 有一位应聘者说她的书法写得很好，面试官就问她，是否得过书法比赛的奖项，她说没有。于是面试官让她现场写几个字，结果让人大跌眼镜。

笔者从事了多年的人才测评工作，接触过不同行业、不同层级、不同岗位的人，经过分析发现，30% ~ 40% 的优秀人才具有文体方面的特长。

不同的小才华对应不同的潜力。例如，会写文章、会下棋的人，通常思维能力不错；会画画的人通常比较有观察力和创造力；在体育方面如足球、篮球有特长的人，通常人际交往能力不错……

此外，才华也有一定的相对性，如美术科班出身的人，会画素描就不能当作潜力；英语专业毕业的人，考到专八也不算是小才华。

二、有幽默感

周国平说，幽默是凡人暂时具备了神的眼光，这眼光有解放心灵的作用，使人得以看清世间一切事情的相对性质，从而显示了一切执着态度的可笑。

归结起来，幽默的作用主要有以下三点。

第一，幽默常给人带来欢乐，有助于缓解摩擦，防止矛盾升级，增加人与人之间的亲密度，促进团队协作，改善人际关系。幽默还能鼓舞士气，提高生产效率。美国科罗拉多州的一家公司通过调查证实，参加过幽默训练的中层主管在 9 个月内将产量提高了 15%，病假次数则减少了一半。

第二，幽默可以淡化人的消极情绪，消除沮丧与痛苦。人们都喜欢与那些风趣幽默的人相处，受到乐观积极的正能量的感染，把烦恼放到一旁，把欢笑挂回脸上。

第三，幽默使人的身心更加健康。挪威学者的研究显示，拥有幽默感的人比缺少生活乐趣的人更长寿。

之所以把幽默当作高潜人才的特征，是因为有学者通过研究证明，沉闷乏味的人和具有幽默感的人在以下几个方面存在差异。

第一，智商。幽默是一种聪明睿智的表现，聪明的人不一定幽默，但幽默的人一定聪明。心理学家经过多次测验证实，一个人的幽默能力与其智商成正比，幽默感测试成绩较高的人，往往智商测验成绩也较高，而缺少幽默感的人其智商测试成绩平平，有的人甚至明显缺乏应变能力。

第二，学习能力。幽默是建立在成熟阅历和丰富知识的基础上的。一个人只有具备广博的知识，才能做到谈资丰富、妙言成趣。所以，幽默的人一定是爱学习的人，并且是学习能力特别强的人。

第三，乐观。有幽默感的人都非常乐观，无论遇到什么样的困境，都能够乐观从容地应对，利用幽默消除紧张和焦虑、克服困难。

第四，自信。有幽默感的人比较自信。很多人之所以会自卑，就是感觉自己的能力不如别人，所以才会努力地抬高自己。有幽默感的人恰恰相反，他们非常清楚自己身上的优缺点，甚至会拿自己的缺点来自嘲。

第五，大度。只有从容大度、平等待人、聪明透彻、对生活充满热情的人才会幽默。一个心胸狭窄、思想消极的人是不会有幽默感的。

第六，人际关系。有幽默感的人，在日常生活中都有比较好的人缘，能够快速赢得对方的好感和信赖。

第七，业绩。有幽默感的人不仅智商高，情商也很高，据统计，那些在工作中取得优异成就的人，并非都是最勤奋的人，而是善于理解他人和具有幽默感的人。

笔者根据人才测评经验发现，有幽默感的人在其他测评活动中（如心理测验、评价中心）的系统思维、学习能力、自信心、开放性等方面的得分均要高于其他人，他们的业绩也相对较好。

因此，有幽默感的人都属于高潜人才。幽默感也比较容易判断。在面试过程中，面试官只要跟应聘者聊一会儿，就能知道对方有没有幽默感。

当然，面试官需要注意的是，幽默和搞笑是有区别的。幽默的人会根据不同环境选取最适合的呈现方式，不一定是一上来就抖包袱。而搞笑的人，则会不分场合、不加考虑就口出狂言。

在判断一个人的潜质时，有两种幽默最值得关注。

第一种是类比。当需要向一个外行人讲述一个很专业和深奥的内容时，有幽默感的人非常善于利用类比手法，通过一些生活中容易理解的案例来解释这些道理，让听众易于理解和接受。善用类比手法的人，通常总结归纳能力强，能够看穿问题的本质，在表达方面可以做到深入浅出。

[**案例**] 有一家企业正在做人才盘点，其中一位部门总监在需要向人力资源管理者讲述深奥的技术问题时，他都会用生活中的案例来比喻，帮助 HR 理解。经过多轮测评，他进入了高层管理者的后备名单，HR 建议公司重用他，但高层管理者认为他刚加入公司不久，资历较浅，还需要观察。半年后，他带领的团队取得了非常好的业绩，于是他被提升为了副总经理。

第二种是自嘲。周国平说过，傻瓜从不自嘲，聪明人嘲笑自己的失误，天才不仅嘲笑自己的失误，而且嘲笑自己的成功。所以，喜欢自嘲的人，多是乐观、自信、大度、有格局的人。

[**案例**] 有位员工特别喜欢自嘲，经常拿自己开涮。虽然他的学历和毕业院校不是最好的，他的资历也不是最深的，但是别人做不好的事他分分钟就能搞定，别人签不下的客户、难缠的客户，他都能顺利与客户签约，而且和客户的关系非常好。

三、会讲故事

故事是一种特别好的传授思想的方式。孔子、庄子、孟子、韩非子都是讲故事的高手。

故事因为其鲜活生动、寓理于情，易于记忆、传播并引发共鸣，深受人们的喜爱。

会讲故事可以让一个人在工作、创业、人际交往过程中成为佼佼者，更可以为自己编写出令人赞叹的人生故事。

很多知名的企业家都是讲故事的高手：任正非喜欢讲军队中的故事，马云喜欢讲自己创业的故事。乔布斯是全世界的企业家中最会讲故事的人，他把产品发布和展示变成了一门艺术。

要讲好一个故事并不容易，因为要将思想融入到生动有趣的情景中，把复杂的理论、想法用通俗易懂的方式呈现出来，需要非常强的思维能力。所以，会讲故事的人一定是思维灵活且缜密的人。

[案例] 某咨询公司的管理者在招聘顾问的时候，一定会给应聘者提供几个关键词，让他们编成一个故事，以此判断人的素质水平。有的人讲出来的故事缺乏逻辑性，有的人讲出来的故事不仅符合逻辑，而且情节精彩，甚至还有较好的修辞。两相对比，高下立见。

四、善于提问

从古至今，树上的苹果砸中了无数人的头，为什么只有牛顿发现了万有引力？因为他提出了一个核心问题：苹果为什么会落地？

也就是说，只有善于提出问题才能解决问题。正如爱因斯坦所说："提出问题比解决问题更重要。"凯文·凯利则认为提问比回答更有力量。一个好问题值得拥有 100 万种好答案；一个好问题创造了新的思维领域；一个好问题重新构造了自己的答案。

因此，有人认为，提问能力是一切能力的核心。

日本企业高管教练粟津恭一郎曾指出：提问的差距造成了人生的差距。通过对那些成功人士的观察发现，这些人都具备很强的"提问力"，善于向自己和别人抛出有创造性、有价值、有新发现的问题，从而促成新的行动，最终导向成功。其过程如图 9-1 所示。

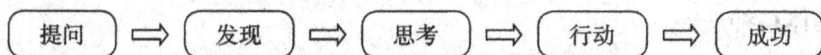

提问 ⇒ 发现 ⇒ 思考 ⇒ 行动 ⇒ 成功

图 9-1　获得成功的过程

善于提问是一种优秀特质，可以作为面试官判断高潜人才的重要特征。善于提问的人不仅具有学习能力，更具备从已知中发现未知的创新能力。提问的过程实际上就是一个自我反思的过程。

那么，面试官该如何判断一个人的提问能力呢？

首先，面试官可以采用行为化或情景化等开放式问题，判断应聘者提出的问题是否具有针对性，能否把握重点、切中要害、引出想要的答案。

其次，提问是否选择合适的时机和场合。由于地点和场合的不同，回答的难度将大相径庭。

五、长期担任学生干部

前段时间碧桂园总裁莫斌在内部讲话中说到："如果把大学的学生会主席都招到我们这里（碧桂园）来，这可是一件不得了的事情。当优秀学生聚在一起的时候，公司的潜力将是巨大的。"他的这句话引起了不少人的热议，有的人认为学生会主席只会忽悠，没有真才实学。尽管如此，我们注意到，中海、龙湖等房地产企业确实聚集了不少学生会主席，而且这些人的表现不错。

能够成为学生干部，在很大程度上是一种高潜质的表现，面试官鉴定这一特质会容易得多。

许多企业在开展人才测评时发现，很多业绩优秀、职位提升速度快的人，在学生时代都有长期担任学生干部的经历。

担任过学生干部的应聘者在本专业之外，综合素质也比较高，如组织能力、沟通协调能力等。此外，担任学生干部更多的体现出了一种服务性、责任感和集体精神。

面试官在将学生干部经历作为判断应聘者是否是高潜人才的时候，要注意以下两点。

第一，职位层级越高、权责越大则越有潜力。通常来说，学生会主席、团委与学生会的各部部长、社团负责人等中高层职务是比较有分量的，班长也是个不错的职位。同时，在重点院校担任学生干部的应聘者潜力是最强的。

第二，担任学生干部的时间越长、次数越多越有潜力。如果应聘者长期担任层级较高的学生干部，其必有过人之处，或者是组织号召能力强，或者是沟通协调能力出众。

六、名校毕业

名校毕业也可以作为面试官判断高潜人才的特征之一。那么，名校与普通学校的关键性差异在哪里呢？

人的成长在很大程度上是由周围优秀的人推动的。有一个研究显示，一个人的水平约等于与他交往最多的五个人的水平的平均值。所谓近朱者赤、近墨者黑，毕业于名校的应聘者在一个充满竞争的环境里成长，老师有学识、有智慧、有远见、爱思考，能够带给应聘者足够多的启发和指导。

当然，并不说名校毕业生都是最优秀的人，只是他们拥有的平台和资源确实是顶尖的，这些是普通学校的毕业生没有的。强调名校毕业并不是"唯学历论"，普通院校也有好学生。

另外，名校与普通学校最大的差异性在于，名校的招生门槛要比普通学校高得多，也就是说他们只招最聪明的人。人的能力中有 30% ~ 40% 的成分是后天很难改变的，其中最主要的就是智商。

优秀和高潜质不是一个概念，潜质其实就是一种成才的可能性和加速度。有的人潜质不高，但是通过后天的努力，也可以获得成功。

在这六个特征中，第一个特征"有小才华"是从成果的角度判断的，其他几个特征是从个人行为来观察的，而"学生干部"和"名校毕业"则是通过个人经历来判断的，如图 9-2 所示。

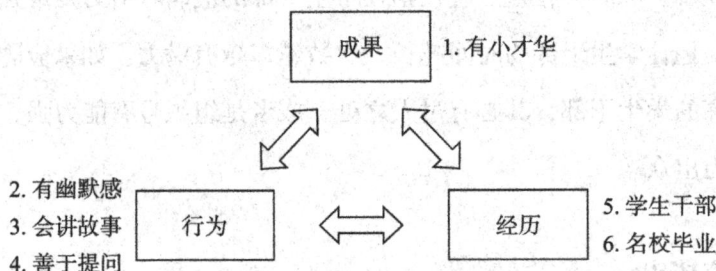

图 9-2　判断高潜人才的六个特征

潜力与成功呈正相关关系，但成功除了受潜力影响之外，还受外界很多客观因素的影响，包括人际关系、个人努力程度、运气等。

高潜质代表一个人成功的可能性更大，不过，潜质较差的人通过奋斗也可以成功，就是要付出更多的努力。

第十讲
超级案例：真实面试现场实录 [1]

————————————

[1] 本部分面试内容全部为真实案例，由于涉及企业与个人隐私，所以在不影响阅读的前提下进行了适当处理，本讲中的公司名和人名均为化名。

一、某金融集团下属公司总经理招聘面试

1. 背景信息

某金融集团主营证券、担保、融资租赁等业务，其母公司为某市国资委下属企业。2011 年该金融集团成立小额贷款公司，已有 50 多名员工。原总经理有政府税务部门工作经历，另外两位分管业务的副总经理和一位首席风险官均出自银行系统。原总经理于 2013 年辞职。集团决定公开招聘总经理，经猎头推荐、资格审核、电话沟通和心理测验等环节，共有 7 位候选人（其中一人来自中国香港地区，一人来自新加坡）进入面试环节。

2013 年 5 月，面试专家团队受集团委托对候选人进行测评（除面试外还进行了情景模拟、演讲答辩、心理测验），并向公司董事长和人力资源副总裁推荐人选。邹先生是 7 位候选人中年龄最大的一位（面试时已 48 岁），在某民营担保公司任执行总裁一职。

专家团队通过访谈调研，为该职位绘制了人才画像（如表 10-1 所示）。

表 10-1　集团下属公司总经理人才画像

分类	详细内容
岗位工作重点	1. 突破经营业绩 2. 完善组织架构和管理制度 3. 搭建中高层干部队伍 4. 新产品的创新与标准化 5. 控制不良率，建设全面风险管理体系，发展风险控制技术

（续表）

分类		详细内容
岗位关键挑战		1. 经营班子的思维与价值观不统一 2. 关键人才缺失，人才队伍不稳定 3. 经营业绩基础较弱
任职资格	年龄	35 岁 ~ 48 岁
	学历	本科以上
	工作经历	15 年以上
	所学专业	金融学
能力素质	知识	熟悉金融行业的宏观政策和发展趋势，深刻理解和把握小微金融的发展方向与业务模式
	技能	掌握基本的管理技能
	关键历练	从事金融或经济工作 10 年以上 3 年以上小微金融业务经历 3 年以上公司（或分支行）管理经验
	胜任力	战略部署、资源整合、团队发展、风险管理、创新变革
	个性特征	开放包容，追求高目标
	职业兴趣	喜欢与人打交道
什么样的人一定不会要		缺乏事业心，不会搭班子，过于冒险，独断专行
什么样的人会优先考虑		有全国竞争力百强小额贷款公司高管任职经历 在小微金融领域有较大影响力 有"空降兵"成功"着陆"的经历
定薪		此部分由公司 HR 沟通，属保密内容

2. 面试过程

专家团队采用情景化行为面试法中的"起承转合"四步对应聘者进行了面试，对话内容如表 10-2 所示。

表 10-2　情景化行为面试法

面试官提问与应聘者回答	点评
曾：邹总，您好！我是集团委托的第三方咨询顾问曾双喜，您请坐！ 邹：曾老师，您好您好！ **曾：欢迎您参加今天的面谈，面谈大约需要 1 个小时的时间。** 邹：好的，HR 也跟我大致介绍了。 **曾：听您的口音，不像是广州本地人。** 邹：没错，我是武汉人，我是本科毕业后读了研究生，毕业后进入武汉某大学任教，成为副教授，后到广州读金融学博士，毕业后加入某国有银行广州分行，2005 年担任二级分行行长，2008 年担任一级分行副行长。2011 年加入某民营担保公司任执行总裁。	暖场
曾：该公司的主要业务是什么？有多少员工？ 邹：我们公司旗下有很多业务，包括担保、典当等，主业是担保，董事长具体负责一些业务，我是担保公司的执行总裁，是整个集团最核心的业务，公司大约有 300 人，在行业内算很大规模了。与大型国企相比，我们的许多评价指标都是排在前五名的。	针对与应聘岗位最接近的工作经历提问
曾：作为执行总裁，您是怎样完成董事会下达给您的经营目标的？ 邹：作为职业经理人，我要贯彻董事会决策，具体实施各种方案。我们是民营企业，目标是追求利益的最大化。 首先，要做好风险和人力成本控制，各种类型的产品、各种业务结构要达到最优化，为公司持续发展打下基础。 其次，金融行业是智力密集型行业，员工至少是本科生，还有很多研究生和博士，有些员工很有特点，不太好管。高管团队中有三四个副总裁、五六个总监，这些经营目标需要他们贯彻落实。公司不只是担保，还有其他金融业务，其他的产业都是以担保这个平台来发展的，如典当。分子公司的高管没有持股计划，对他们的激励更有难度。 最后，担保行业需要与银行、其他金融业务合作，我负责管理客户关系，这是公司的生命线，如果没有银行的授信，业务就不好做。还有与其他公司的合作关系，也要协调好。 公司针对市场的判断，需要由我来做决策。员工素质和风险的控制要靠大家参与，本部有五六十个业务员，公司按照统一的程序和方式开展业务，我会重点参与员工的培训计划，业务和风控等工作由我来管控。 另外是应急处理，这项工作必须由中高管处理。总部有 1 000 多个客户，随时需要统筹协调解决问题。以前做银行行长和现在做中小客户	这个问题切入得太快，所以应聘者谈的只是工作的基本安排与分工，价值不大。前面应聘者谈到的排名前位的指标可以进一步追问，对分子公司高管的激励难度大、应急处理问题也是可以追问的

（续表）

	面试官提问与应聘者回答	点评
承	群体是完全不一样的，现在是很细致入微的工作方式，面向的客户群体很低的。 还有一些外部关系，具体由下面员工负责，但是我需要想怎么做好督促管控工作。	
	曾：今年董事长给您下达了多少经营指标？您怎样保障公司利润？ 邹：我们的业务特点不像银行，我的目标相对要低一些，今年董事长给我的经营指标是要实现3亿元的收入，在执行方面董事会不作干涉。我的指标分解到部门、分公司，考核到月，每个人都有任务。后台的考核是类似于平衡计分卡，每个月有一个绩效的分数，前台是业务指标。每个月每个部门都要完成目标，如果没完成，就会被扣掉奖金。	谈的还是常规的工作安排，关于绩效考核体系是谁搭建起来的需要追问
	曾：您平时的精力分配与排序是怎样的？ 邹：业务放在最重要的位置上，大概占了70%，另外30%是对人的管理，在业务方面60%是营销管理。其他如风险控制等，我会建好机制分级去控制，2 000万元以上的业务由我来把握，2 000万元以下的业务由相应级别授权的人来把关。我主要保障大项目不出事，要达到100%风险控制也不太现实。公司还成立了风险评审委员会，我是主任。人力资源方面有专门分管的副总裁，我经常和他沟通交流关于人的管理，既要关注，不然显得不重视，又不能管得过细，这样对高管的授权会不够充分。	考察他的工作重点与授权
	曾：刚才听您说公司还有四个副总裁，您是怎么领导他们的？ 邹：有分工也有合作，每半个月有经营会议，谈过去半个月的工作安排。另外涉及各业务条线的会议，我会有选择性地参加。关于公司的管理，董事长比较亲力亲为，有些地方不一定都需要我来管。	答非所问。与董事长的分工需要追问
	曾：对这四个副总，您与他们的职责权限是怎样划分的？ 邹：重要决策都是由我来做，如人力资源计划制订。中层干部的决策录用必须由我亲自面试。从风险管理来看，我是主任，所有项目都要经过我同意。属于四个副总领域的工作，他们有决定权，我基本不干预，但如果是重要事情要我和商量。	还是考察授权与分工
	曾：您和其他高管之间有没有想法不一致的地方？ 邹：这肯定是有的，每两周有例会，大家可以公开讨论各种问题。每个月我负责给高管考核评分，40% ~ 50%的分数是由我来决定的，每个月的评分直接跟奖金挂钩，只有得到90分的高管才能拿到全部奖金。每季度、半年、年度对高管都有考核。	回避问题，没有举出具体的事例

	面试官提问与应聘者回答	点评
承	**曾：跟我们分享下您作为"空降兵"融入新公司的经历吧！** 邹：我刚到公司时，有一位副总是老板的同学，对我非常抵触，因为他想当执行总裁没成功，尤其是刚开始的三四个月他对我的抵触情绪比较大。首先，我找员工谈话，了解他们的想法。其次，我提出了自己的工作思路，让员工觉得我是一个能够把控全局的人，在这方面我花了很多时间学习、思考。第三，我要起到表率的作用，要求别人做到的事情，自己要先做到，我每天早上会在8点半前到公司，在所有高管里面我的出勤率是最好的。第四，是公平，不能有私心，要公平对待员工。第五，与高管的谈话和沟通非常重要，我定期找那个副总谈话、吃饭，一起参与户外活动，花了大半年的时间，主动跟他搞好关系，现在我们没有大的矛盾，大方向和思路是一致的。此外，通过制度设计给员工一个出路，如设立高级经理制，打通专业通道，当时有一个经理的工资都高过我。此外，大企业不能是家长式的管理，要考虑到核心、重点员工的发展。	直接亮出问题，应聘者回答了具体的事例，STAR结构基本完整
	曾：您以前没做过小贷的业务？ 邹：我们的客户里有8亿是小贷，以前是用银行钱，现在是用自己钱，小贷是15个点。现在是10亿的资本金，可以去换。我们旗下有小贷公司，我不具体管，如典当，跟小贷有很多相似的地方。我们做500万以下的客户，一年至少要做20亿以上，只是没有挂小贷的牌子。	直指对方的软肋
	曾：您觉得应聘这份工作的优势与挑战是什么？ 邹：优势是我现有的很多资源对公司是非常有用的，如金融系统的人脉、客户资源。挑战有三点，加入公司，与团队、文化的融合需要一个过程；经营小贷业务，客户群体发生了变化，小贷要做到8亿是不容易的；还有就是"空降兵"的问题，我从学校出来后，到银行，到科技公司，到担保公司，都是"空降"，在跟副总尤其是老资格员工融合方面，我有经验。	确认对方的优劣势与自我认知
	曾：关于信贷工厂这个概念，您是如何思考的？ 邹：我把信贷工厂当作最主要的业务模式，就像工厂标准化制造产品一样进行批量处理，首先信贷审批要做到标准化，可以提高效率，每个阶段都需要专业人才，一些资料处理可以使用基层员工。这个模式必须要用规模化的形式，如果公司只有几十个人是没有办法的，就只能采用全才的模式。	考察他对业务的理解

（续表）

	面试官提问与应聘者回答	点评
承	曾：**您觉得信贷工厂要成功的核心是什么？** 邹：组织要非常熟悉流程，需要由很熟练的人来做风险报告等。一些总控的事情非常关键。在中行和建行工作过的人是非常熟悉的。这个是多种模式并行，可以尝试做一下这个模式。	还是考察应聘者对业务的理解
	曾：**您在防止员工发生道德风险方面采取了哪些做法？** 邹：很多企业采取教育培训的做法来控制道德风险，我不太认可，社会比较复杂，最重要的是把人的寻租空间研究透，要用机制管人。如定价需要确定一个空间，由制度来决定报价，由制度来确定我是不是合规的。如果金额比较大，可以通过评审委员会来控制。此外，我们还建立了完善的招标采购制度、加油卡等制度。	金融风险防控很关键，小贷公司尤其如此
转	曾：**我很好奇当初您为什么放弃了学校的工作，而加入银行呢？** 邹：在学校里做的是理论研究，我想有更多的金融实操经验。	考察个人价值追求
	曾：**您当过副教授，又是博士，您个人的人生追求是？** 邹：从个人来说，我自嘲自己是一个工匠，信贷工厂里的工匠，到我这个年龄，儿女都大了，衣食无忧，我不把金钱、财富当做主要的追求，主要是希望能够发挥个人特长，找到一个好的平台做点事。	考察个人价值追求
	曾：**我们这个平台的规模没您现在的公司大，又是国企，机制上并没有那么灵活。** 邹：我是读书人出身，希望在多产业联动方面做些尝试。我已经快五十岁了，有很丰富的经验，希望能在这方面做些事。我现在所在的公司就是一家担保公司，但是贵公司的小贷公司不同，将来可以跟担保、证券等整个金融集团有很强的内部联动效益，这个平台会更大。我喜欢思考新的东西，因为我这么多年在金融行业也积攒了一定的资源，完成业绩指标是没有问题的。但是未来国有企业的舞台会更大。每家公司都有好的方面，也有不足的地方，担保公司是高负载行业，上市很难。	进一步聚焦，抛出问题点，考察他的求职动机
合	曾：**好的，时间差不多了，我们想了解的信息也差不多了。您还有什么需要补充或向我们了解的吗？** 邹：没有了，关于薪酬待遇和公司基本情况，HR 已经向我介绍得比较清楚了。 曾：**那我们今天就聊到这里吧，谢谢您，邹总！** 邹：不客气，再见！	收尾

面试总结：本次面试基本上问到了主要问题点，如业绩目标达成、"空降兵"与原有团队的融合、风险管理、求职动机等。但是，还有很多的细节可以进一步追问，如对员工的激励、绩效考核体系的搭建等，这是本次面试需要改进的地方。当然由于本次测评还有情景模拟、演讲答辩等环节，可以补充面试过程中考察不到位的指标。

3. 评价意见

定量评价：面试官对邹先生的各项能力指标评分如图 10-1 所示。

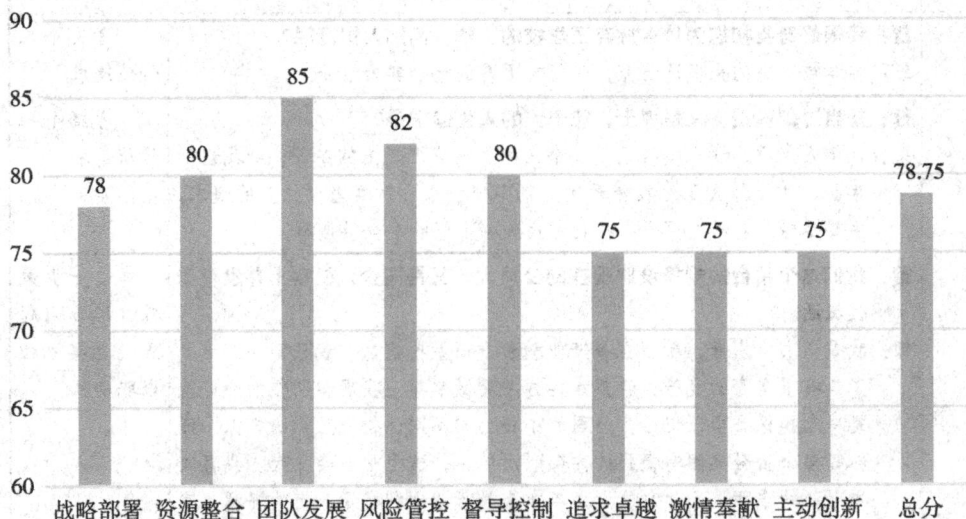

图 10-1　面试官对邹先生的各项能力指标评分

定性评价：邹先生基本胜任小额贷款公司总经理职位。他有较好的思维能力，能够站在宏观的角度统筹和整合资源，并从整个行业发展的长远角度思考企业的经营决策；有多年的团队管理经验，并有较好的激励、授权、辅导等团队管理技能；具有多年的金融行业从业经验和"空降兵"的经历，在管理模式和策略上有成熟的思考，能够通过多种有效的管理手段推动企业实现战略目标与经营目标。邹先生工作严谨，性格内敛、稳重，有创新和改变现状的意愿，但比较在意外部环境的支持。

风险提示：邹先生缺乏小额贷款行业的从业经验；工作经历主要集中在民营企业，与本公司企业文化的适应和磨合有待检验；邹先生希望借助公司金融集团的平台实现资源整合，以此来实现个人和公司的价值，因此公司提供的相关资源和条件是否与他的要求相匹配，是影响其稳定性的重要因素。

4. 后续跟踪

最终董事会决定聘请邹先生为小贷公司总经理。2015年邹先生带领公司实现了客户数量、贷款规模和营业收入持续稳定的增长，从近万家竞争机构中脱颖而出，荣获"2015中国小微金融机构竞争力百强"和"2015中国小微金融机构最佳产品设计奖"两个奖项，邹先生也获评"2015中国小微金融机构年度人物"。2016年邹先生荣获"2016年某市金融高级管理人才"这一殊荣，并当选某区政协第十五届委员会常务委员。这些成绩说明本次面试是富有成效的。

二、某集团人力资源总监招聘电话面试

1. 背景信息

华泰集团成立于20世纪80年代，从经营服装逐步扩展到地产、金融、制造、环保等多个领域，地处广东沿海某市，董事长余总为全国政协委员。2015年成立集团公司，并投资入股了多家企业，由于产业比较多元化，长期以来各子公司均是独立运作，没有形成集约化管理，集团总部职能管控能力较弱，组织结构也不完善，人力资源总监一直缺位。

2018 年华泰集团聘请专家团队对其组织现状和人员进行盘点，并对组织架构和人员配置提出了优化方案。为了进一步完善集团人力资源管理，需要招聘一名专业的人力资源总监。候选人韦先生于 1976 年出生，某工业大学 MBA 毕业，具有 20 年以上的工作经验，目前担任某家居公司人力资源总监一职。

专家团队通过访谈调研，为集团人力资源总监职位绘制了人才画像（如表 10-3 所示）。

表 10-3　集团人力资源总监人才画像

分类		详细内容
任职资格	年龄	30 岁 ~ 45 岁
	学历	本科以上
	工作经历	5 年以上
	所学专业	专业不限，管理学、人力资源专业与 MBA 优先
能力素质	知识	熟悉人力资源管理六大模块，对核心人才的引进、使用、培养、激励有独到深入的见解
	技能	掌握岗位职责梳理、绩效考核、薪酬结构设计等技能
	关键历练	5 年以上大中型企业人力资源经理以上职位 有集团企业总部人力资源管理经验 有人力资源全面管理的实操经验
	胜任力	影响推动、组织变革、体系搭建、团队管理、系统思维
	个性特征	开放包容，追求高目标
	职业兴趣	喜欢与人打交道
什么样的人一定不会要		缺乏事业心，情商低，品行不端
什么样的人会优先考虑		主导过人力资源变革项目，尤其是绩效薪酬管理变革 经历过从零开始搭建人力资源管理体系
定薪		年薪 50 万 ~ 60 万元

2. 面试过程

集团董事长余总对韦先生进行了初步面试后，无法确定是否可以录用他，

特委托曾老师与其进行电话沟通，对其能力进行专业把关。表10-4为曾老师
与候选人电话沟通的过程。

表10-4 面试官与应聘者电话沟通的过程

	面试官提问与应聘者回答	点评
起	曾：韦总，您好！我是华泰集团聘请的咨询顾问曾双喜，请问您现在方便沟通吗？ 韦：曾老师，您好。我现在方便。 曾：不好意思在晚上打扰您休息了，我们沟通大约需要一个小时的时间。因为最近我一直在外出差，时间协调不开，所以我们今天采用电话沟通的方式。我是受余董的委托，和您做一次沟通交流，希望对您多一些了解，您也可以对集团有更多的了解，这样对双方都有好处。 韦：好的，没问题，我就是做人力资源工作的，我理解您说的意思。有什么想了解的，您尽管问就是了。	暖场，面试官作自我介绍，对电话沟通的安排做出解释和说明
	曾：谢谢您的理解。我看了您的简历，您是珠海人吗？ 韦：是的，我和老婆、孩子都在珠海。 曾：您现在还在深圳上班吗？ 韦：没错。我原来在珠海上班，去年被安排到深圳工作，都是属于同一家家居公司。	从工作地点与居住地的差异性切入找到提问点
承	曾：在工作地点发生变化的同时，您的职责与管理范围改变了吗？ 韦：有一些调整，原来我是人事经理，负责整个集团的人事工作，包括招聘、干部管理等。现在我是人事总监，主要负责销售系统的人力资源管理工作。 曾：集团总部的人力资源管理工作由谁负责？ 韦：总部与我平级的有另一位总监，他负责制造系统的人力资源管理工作，他原来是绩效薪酬经理。 曾：相当于你们俩原来是平级的两个人力资源经理，一个负责人事，一个负责薪酬绩效。现在你们两个变成了人事总监，你全盘负责销售系统的人力资源管理工作，他全盘负责制造系统的人力资源管理工作？ 韦：没错，你理解得很对。 曾：你向谁汇报工作？ 韦：董事长负责管理销售系统，总经理负责管理制造系统，所以我原来是向董事长汇报，另一位总监向总经理汇报。前段时间刚来了一位总裁助理，分管人力资源，现在我们俩都向她汇报工作。	从工作职责与汇报关系了解其职位的高低、工作的挑战性大小

（续表）

面试官提问与应聘者回答	点评
曾：哦，她是一个什么风格的领导，能否简单介绍一下？ 韦：她是一位女性，有外企从业背景。做事比较雷厉风行，但是有点急躁，个性也比较强势，情绪控制方面不太好。 曾：她的风格与原有的团队能否融合得好？有没有出现什么问题呢？ 韦：目前确实出了一些问题。她刚入职两个月就强行推广 HR 三支柱改革，大家和她的管理理念有冲突，另一个总监已经申请调岗到其他部门了。 曾：所以你是因为这个原因想离开吗？ 韦：是的，她特别强势，情绪控制不好，经常责骂别人，我的下属经常被她批评得想哭。 曾：没有更好的办法来解决吗？她没有意识到这个问题？ 韦：有时候我们很难知道她的想法，她总是在变，思路也不是特别清晰，我几次尝试跟她坦诚沟通，但没有产生什么效果。	采用旁敲侧击的追问技巧，从侧面了解到该候选人离职的原因
曾：您到这家公司后，主要开展了哪些工作？ 韦：前期参与北方区域公司的筹建工作，中期负责搭建集团范围的 HR 管理系统，后期着重于人力资源各模块工作特别是绩效薪酬变革工作。 曾：请您将北方公司筹建的背景和过程再详细介绍一下，包括中间遇到什么困难，您是怎么解决的？ 韦：当时我们要在大连建立一家区域公司，有完整的生产、销售、行政系统。公司派了 10 人左右的团队负责筹建，我是筹建三人领导小组的成员，组长是总经理，我是行政人事负责人，还有一位是生产部门负责人。我过去的时候，工程已接近尾声，我的主要任务是为即将投产的系统组建团队。当时最大的困难就是找不到人，一是总部派过来的人有限，主要是一些管理岗位和部分关键技术岗位，需要从当地招聘大量的一线员工；二是我们工厂的位置较偏，给出的薪酬待遇竞争力不足，并且当时快到年底了，很多农民工都在准备回家过年。 曾：您是通过什么方法快速组建 300 人的队伍的？花了多长时间？ 韦：总共花了 3 个多月，我采取了几种方法，一是从总部调派 80 名员工过来支援了一个月，解决了短期内生产的问题；二是和当地的劳务分包公司合作，将部分比较简单的工作交给了劳务分包公司；三是下班的时候派 HR 到附近工厂门口、建筑工地门口派发招聘简章；四是提供推荐奖励，每成功推荐 1 个人，如果通过面试入职，即奖励 500 元钱，如果通过试用期，工作满一年再奖励 1 000 元。通过这几种方法，	从关键经历中寻找关键事件

承

（续表）

	面试官提问与应聘者回答	点评
承	快速解决了人员招聘问题。那段时间，工作非常忙也很辛苦，每天加班到晚上八九点，而且我们人力资源部只有5个人。就这样，通过3个多月的努力，完成了近300人的团队搭建工作，保证了北方公司的正常运营。 **曾：后来你就被调到集团工作了？** 韦：到集团总部后，我负责完善人力资源管理体系，包括明确公司的岗位序列，组织编写各部门岗位管理说明书；优化了人力资源管理各模块的管理制度与流程；上线了 E-HR 人力资源管理平台，去年我又推动了绩效与薪酬变革的项目。 **曾：当时基于什么样的背景要开展绩效薪酬变革的项目？存在哪些困难？您主要做了哪些改变？** 韦：我发现公司的绩效管理体系是不健全的，薪酬体系也有问题。绩效考核比较流于形式，除了制造体系按计件制、销售体系按业绩拿奖金，其他部门的绩效评分就是走过场；薪酬也没有拉开差距，员工的积极性不高。我主动跟老板请缨要求做这个项目。刚开始我认为比较简单，没想到真正做起来还是挺有难度的。 **曾：难度主要体现在什么地方？** 韦：难点有两个方面。一是方案设计上，一些弱业绩部门如职能部门的工作绩效比较难以衡量。后来我融合 BSC、KPI、360 评估的方法，按照关键任务确定绩效指标进行绩效评价，同时将公司核心价值观行为化，再加上领导力模型，进行能力评价，从业绩与能力两个维度对员工进行全方位的考核，层级越高，业绩评价的占比就越重，高管业绩考核占比为 80%，员工的业绩考核占比为 50%。相对应地，对薪酬结构也做了调整，原来基本上是以固定薪酬为主，我把它调整为"固定工资＋绩效浮动＋超额奖"的模式，不同级别的浮动比例会有差异性，最高 40%，最低也有 15%。二是方案落地非常难，遇到了很大的阻力，特别是一些老员工，他们的资历老、工资高，活少钱多，改革后，他们的利益就受损了。尽管方案得到了老板的批准，但是很多中层不同意，他们就跑到老板那里告状，有的人还以辞职要挟，最后老板有点顶不住压力，因为有一些人是跟随老板一起创业的，于是老板说那方案就放一放吧。	第二个行为事件

（续表）

	面试官提问与应聘者回答	点评
承	**曾：后来又是怎么推进的呢？** 韦：我后来跑到每个部门逐一沟通，不断优化方案，总算获得了大部分部门负责人的支持，其实那些有能力、有事业心的领导都是非常支持变革的。但是那几个元老还是不同意，老板也说放一放，我一时也没想到更周全的办法，把方案又搁置了一段时间。 **曾：搁置了多长时间？后来又怎么样了？** 韦：搁置了大约一个月。后来我想出一个办法，就是划分管理与专业两条线，形成双通道发展路线。主要就是把那些能力不足、资历老的人从管理岗位上拉下来，安置到专业通道上，保留原来的待遇，职位等级也比较高，但是没有实际管理权力了，这样既保全了他们的面子，又让年轻人有了更多的发展空间。同时针对传统渠道、电商、国外业务，设计不同的、个性化的激励政策，主要是奖金比例和额度有所不同。这个方案很快就获得了创业元老的认可，变革得以顺利实施。 **曾：整个变革落地是到什么时候，现在效果如何？** 韦：完全落地是去年 11 月，今年的业绩比去年有明显的改善。当然这个过程中也在不断优化调整。与这个变革项目配套的，我还推动了公司的企业文化建设，梳理了公司的核心价值观。同时根据价值观考核，整理员工的先进事迹，策划并召开半年、年度优秀员工表彰大会。	
	曾：现在你的部门有多少人？员工能力与你的期望相比如何？ 韦：加我一共是 6 个人，两个人管理招聘和人事，两个人负责培训，一个人管理员工关系，一个人负责规划和组织结构。他们的能力有高有低，和我的期望还是有差距的，但是这一两年他们的成长都比较快，有了比较大的提升。 **曾：你采用什么手段去培养他们？** 韦：最好的培养其实就是在实战中系统提升能力。我前面推动的这些变革项目，就是很好的机会，所以我根据他们的能力特长和意愿，把这些工作做好分工，保证每件事情都有一个推进者，这个推进者要负责方案调整、计划推进、资源协调，每周我们会定期开会复盘和集体学习。这些项目中的很多内容是他们之前没有接触过的，如领导力模型、平衡计分卡等，通过做项目，很多人主动去买书、上网找资料，去外面听课，慢慢地能力就得到提升了。我也经常跟他们面谈，做一对一反馈。另外，我觉得开会研讨也是一种很好的交流学习机会，我们部门经常开研讨会。	第三个行为事件

（续表）

	面试官提问与应聘者回答	点评
转	曾：好的，您对华泰这家公司的了解程度如何？ 韦：有一些基本的了解。上次面试之前，我上网查了一些关于华泰公司的信息，从官网上看公司的业务介绍，发现公司的业务比较多元，但是没有形成核心竞争力。上次过来面试时我从办公室的布局看，公司的管理不太规范，如前台没有人，接待方面比较随意；在过道上看到高管们在会议室开会（公司办公室和会议室靠过道的均为玻璃墙），他们的年龄都比较大，应该是创业元老比较多，人员会比较稳定，但新生力量少对于业务扩张是一个不利因素。和董事长面谈的时候，她很有亲和力，说话比较朴实，重感情，也比较谨慎；她的儿子比较年轻、有活力、有想法，他们俩的想法和理念估计有些不同，会对公司的战略方向和经营决策有很大的影响。 曾：您觉得会有哪些影响？ 韦：可能董事长看中的方向，她儿子不一定看中；董事长看中的人，她儿子也不一定喜欢。所以，短期内公司发展会有一段时间的磨合和摇摆期。关于推动变革会有较大的难度。	了解其求职动机。意外收获是韦先生还有较强的洞察力
	曾：您希望自己的上司是什么样的风格？ 韦：老板从外面招人进来，肯定是想改变现状的，但变革过程中一定会遇到一些阻力，所以老板的支持非常关键，希望她态度坚定，能够多提供一些支持，哪怕能在精神上多提供一些支持也好。当然我刚加入公司时也不会轻易变革，首先要熟悉情况，把关系梳理清楚再说。	判断其是否能快速融入公司文化
	曾：您对薪酬有什么期望和要求？ 韦：目前我的税前年薪是 60 万元，绩效考核会有一些浮动，基本上到手有 50 多万元。换一份工作，我期望能有 30% 的增幅，最好是 80 万元以上。 曾：您的底线是多少？低于多少您就不考虑了？ 韦：嗯……低于 50 万元就绝对不考虑了。	询问期望薪酬
合	曾：好的，您的情况我基本了解清楚了，我会把今天的面试情况跟董事长做一个反馈，后续有其他的安排 HR 会直接跟您联系。您看还有什么要补充说明的吗？ 韦：都说得差不多了，没有了。 曾：您有没有问题想问我的？ 韦：大概什么时候能有一个确切的答复？因为现在也有其他公司在联系我。	收尾

（续表）

	面试官提问与应聘者回答	点评
合	曾：都是什么类型的公司？您参加面试了吗？ 韦：主要是制造型企业，还在沟通中，我准备去面试。 曾：好的，我尽快给董事长反馈，争取在一周内给您答复，您看可以吗？ 韦：可以的，谢谢！ 曾：我们今天就聊到这里了，谢谢您！ 韦：不客气，再见！	

面试总结：面试过程比较自然流畅、条理清晰、结构完整，符合"起承转合"四步法，挖掘出了三个完整的行为事件，考察指标也较为全面。部分问题问得比较隐蔽，如从侧面了解到韦先生离职的真实原因。

3. 面试评语

定量评价：面试官对韦先生的各项能力指标评分如图 10-2 所示。

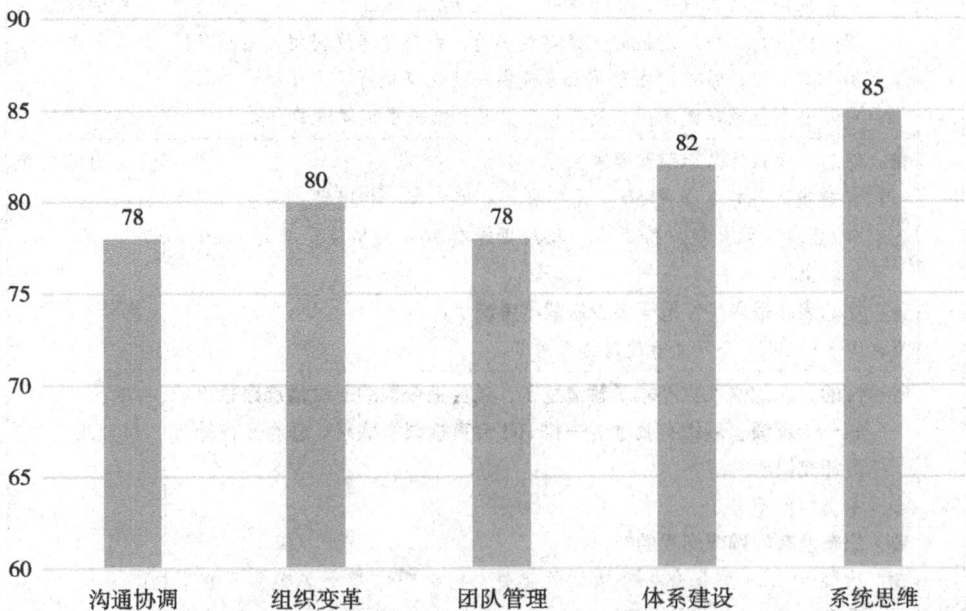

图 10-2　面试官对韦先生的各项能力指标评分

定性评价： 经综合评估，韦先生基本胜任华泰集团 HRD 一职。韦先生思路清晰，善于把握重点，思维有一定的高度。熟悉人力资源各大模块的操作，有从零开始筹建新公司的经验，也在内部推动过绩效薪酬变革项目。

风险提示： 他期望在推动内部管理变革的过程中，老板能给予比较大的支持。但是华泰集团董事长的管理风格较温和，魄力不够，可能在组织变革过程中会有摇摆。

薪酬建议： 根据韦先生的能力水平，对比市场行情，建议给他提供 55 万元 ~ 60 万元的年薪，固定工资为 3.5 万元 / 月。

4. 后续跟进

最终，韦先生被华泰集团录用。目前，距离面试已过去一年的时间，韦先生还在华泰集团任职。通过和华泰集团董事长的沟通了解到，她对韦先生的工作还是比较满意的。2019 年下半年，韦先生帮助华泰集团健全了基本管理制度，优化了组织结构和集团管控模式，梳理了岗位体系和岗位职责，并计划于 2020 年推动绩效与薪酬变革。

三、某汽车企业 4S 店总经理能力认证面试

1. 背景信息

某外资汽车集团（以下统称主机厂）每年定期对其旗下各大品牌全国 4S 店的总经理、销售总监、售后服务总监等管理人员进行能力测评，通过测评者方可担任这些职位，否则主机厂会建议投资方对其进行解聘。

2014 年，曾老师团队受该集团委托，对该主机厂南方区域的 4S 店管理人员进行了能力测评，并构建了 4S 店总经理能力评价模型，其中共有战略执行、

分析决策、绩效管理、流程运营、沟通影响、客户导向、团队培养、团队激励、促进协作、责任感和适应变化11个指标。

汪先生为东莞达通4S店的总经理。

2. 面试过程

表10-5为曾老师对汪先生的测评过程。

表10-5 曾老师对汪先生的测评过程

	面试官提问与应聘者回答	点评
起	曾：汪总您好，欢迎参加今天的测评活动，关于整个测评的流程和规则，我的同事刚才跟您介绍过了吗？ 汪：介绍过了，我已完成案例分析和心理测验两个测评环节。 曾：好的，您对前面两个环节的感觉怎么样？ 汪：挺好的，案例分析这些情景跟我们日常工作中的情景比较像，题目出得很好，我有种似曾相识的感觉，让我能够静下心来认真思考工作中存在的一些问题。 曾：接下来进行的是行为化面谈，整个面谈大约需要一个小时的时间。我们已大致了解您的简历，但我们需要对您的工作情况做一个更为详细的了解，请您尽量用发生在自己身上的具体事例回答。主机厂要求我们对面谈全程进行录音以备抽查，如果其中涉及商业机密或个人隐私问题，您可以提示我们。 汪：好的，没问题。	暖场，介绍面试流程和规则要求
	曾：首先麻烦您介绍一下您现在负责的这家门店的基本情况，包括业绩、人员规模、周围的竞争态势等。 汪：这家店是2002年成立的，也算是这个品牌的首批4S店。刚开始是私人老板开的，后来被另一家汽车公司收购了，后来又被我现在任职的达通公司收购了。一开始我在那里做服务顾问。店的总面积有8 000平方米，在市中心地段的汽车一条街上，旁边有丰田、福特、本田、奔驰、宝马等门店。三年前寮步汽车城建起来之后，我们这边的客流和销量受到了很大的影响，寮步汽车城占整个东莞汽车销量的40%以上，但是目前我认为这个地段还是一个比较好卖车的地方。我们最初的销售人员加售后人员是30多人，现在发展到有80多人。	了解基本情况，寻找提问点

	面试官提问与应聘者回答	点评
	曾：展厅有多大面积？	
	汪：不到 2 000 平方米。	
	曾：包括办公区域？	
	汪：是的。	
	曾：除掉办公区域呢？	
	汪：大约 800 平方米。	
	曾：这个规模还是比较大的。	
	汪：也不算是，现在很多新店都差不多有这个面积，作为老店我们确实算 是比较大的。	
	曾：对，我看很多店的展厅面积不到 600 平方米。佛山那边有一个店的面 积是接近 3 000 平方米，据说是亚洲最大的店。	
	汪：是的，我们展厅可以停 11 台车，面积也算可以吧。但是我们的布局 不算很合理，因为以前是用旧鞋厂改建过来的，房子有点矮。	
起	曾：这两年的业绩情况怎么样？	4S 店作为
	汪：前年销售 1 100 台车，去年略有增长是 1 200 台。	一个独立经营
	曾：厂家的目标是多少？	体，总经理的
	汪：去年是 900 多台。	首要任务是完
	曾：售后产值呢？	成经营指标
	汪：全年产值有 29% 的增长，全年台次有 25% 的增长。	
	曾：售后产值一年有多少？	
	汪：含税的话是 1 400 万元。	
	曾：集团给定的目标是多少？	
	汪：集团给定的产值目标是 1 300 多万元，我们超了一点，利润也超了。 台次的目标没有达成，只完成了 97% 的目标，差了一点点。因为前 年完成得比较好，所以去年定的目标稍微有点高。	
	曾：您刚开始是做服务顾问的？	
	汪：是的，我是从这个店的最基层一步步成长起来的，2010 年我从售后 服务站长升为总经理。以前这个店一直是亏损的，那时我们一个月卖 一二十台（车），但其他店都卖七八十台。	
	曾：亏损的原因是什么？	
	汪：第一是大环境如金融危机的影响，第二是经营管理上的问题。当时我 负责售后，业绩还不错，但是销售业绩不行，所以领导就让我负责整 个店的经营管理工作。	

（续表）

	面试官提问与应聘者回答	点评
起	**曾：你现在的业绩在东莞排在什么水平？** 汪：东莞一共有5家店（指这个品牌），我们是排第一，不过跟第二名的差距不大，上个月只比他们多卖8台车。 **曾：与其他地区的店相比怎么样？** 汪：如果与广州深圳比，则有比较大的地区差异，但是我们的综合分数是比较高的。如果按销量，我们只能打3星，但我们的售后产值、利润、客户满意度都是5星。	
承	**曾：你是怎样实现业绩提升的？** 汪：首先是团队激励、氛围营造，谁都不想跟着一个没有追求的老板工作。作为总经理，如果你没有追求高目标的意识，就没有人愿意追随你。同时，少谈些奉献，员工做了什么我一定会回报你什么，你付出80%的努力，你将会得到120%的回报。刚上任的时候，我给大家定了一个目标，也就是三年之后，你们70%的人都有房有车，这是我的KPI考核，如果达不到我就走人；如果达到了，我将考虑怎么帮助剩下的30%的人。我不希望以炒鱿鱼的方式来进行管理。因为人都是爱面子的嘛，所以我通过荣誉感来激励，每个月设单项奖，每次月会上当众公布、上墙。我让员工为自己的业绩排名下注，每人200块钱，如果你下注自己是第一名，到月底真实现了，别人下注的钱就都是你的。如果没人下注，就从公司出钱给你。我绝对不强制下注，当时有一个销售顾问过来下销售冠军的注，销售经理提醒他"这个项目刚才已经有人下注了，你下精品冠军的注赢的机会会更大。"那个销售顾问执意要下销售冠军的注，销售经理还在一个劲地提醒他。我就骂了这个销售经理，我说我弄这个下注活动不是为了让大家多赚几百块钱，不是给员工发福利，而是为了让大家有竞争意识，为了提升业绩。 **曾：那个销售顾问下注了之后结果怎么样？** 汪：他输了，他是当月的第二名，但他输是有原因的，那个月她老婆生孩子，他请了两个星期的假，相当于他只花了半个月的时间就做到了第二名，也是相当不错的。 **曾：一年下来，谁输谁赢的较多？** 汪：刚开始比较固定，只是那几个人，有一次4个奖是由一个人拿的。半年后就开始出现变化了，至少4个奖不会集中在一两个人身上，尽管还是那几个人得冠军的次数多，但已经有越来越多的销售人员能够拿	从业绩切入找到支撑业绩突破的管理措施，从中考察其相关的管理能力，符合STAR原则

面试官提问与应聘者回答	点评
到月度销售冠军，更重要的是全年的销售业绩得到了极大的提升。为什么我一定要开大会当面宣布呢？人都是有攀比心理的，幸福感是竞争而来的。在激励方面，我采用的是简化的方式，比如这个月你销量第一并且超过第二名 5 台，就可以拿钱，如果没达到，就没有奖励。为什么这样设置呢？因为时间久了之后，很多人担心会"枪打出头鸟"，所以我一定要想办法让大家争做第一。就像人们跑步一样，什么时候最累呢？不是冲刺的时候，是当第二名离你最近的时候。而什么时候最轻松呢？就是当你超人家一圈、对方彻底没有希望的时候。我认为成功是一种习惯，当你做每件事情都习惯比别人强的时候，在工作的时候你自然而然地就想争第一。	
曾：**通过这个活动就把销量做上去了？**	
汪：当然还有其他的措施。我们店的位置不是在马路边，从马路上去有一个大斜坡，很多人不知道这个地方。所以我策划了一个"公交车上也疯狂"的活动，我们的员工每次坐公交车来上班的时候，要跟司机说："东莞达通有落（广东话）"。员工把现场的声音录下来，每个月交给行政 3 条公交车录音、5 条出租车录音，店里奖励 50 元钱。这也是晋升加薪的一个标准。通过这个活动，半年之后，很多人知道了东莞达通在这个位置，到店的客流量也增加了 30%。	
曾：**除了这些活动以外，您还采取了什么措施来激发员工的热情呢？**	
汪：我制作了公司的史册，把从建店开始发生的大事都记录下来，员工的名字都写上去，提醒大家每一天的行动都会被载入史册。每个季度让部门经理提报他们的大事，并列入史册。所以我店里的人员稳定性比较好，管理层在这里已经做了六七年，整个广东区域应该找不出第二家店。	
曾：**工作六七年以上的员工占比有多少？**	
汪：大部分，特别是售后人员，80% 以上都工作六七年了，年轻员工也都工作了两三年。	
曾：**你是不是很有成就感？**	
汪：对。其实最有成就感的是我的部门经理已全部去过主机厂或集团总部做经验分享。刚才说的微信支付，我们是全部 600 家店里第一家落地做这个事情的。	
曾：**你在 10 年前刚上任的时候，承诺三年后让大家有房有车，这个目标实现了没有？**	

承

（续表）

	面试官提问与应聘者回答	点评
	汪：大家都有车了。我在去年年底的时候统计过大家基本上都买房了，虽然不一定在东莞买房。在我们店里，我希望看到他们谈恋爱、结婚、生小孩，我认为"安定繁荣"这四个字是有顺序的。首先让员工心中有安全感，他就愿意留下来。繁代表繁衍，他会介绍亲朋好友来这里买车、工作。举贤不避亲，在我的员工里，夫妻档、兄妹档非常多。做到了繁，自然就会荣了。我跟部门经理说，你不用担心女员工怀孕，你要鼓励她，这样这个员工就会觉得这里就像她的家一样。现在又有员工怀二胎了。我店里的销售经理、服务经理、展厅经理都生了二胎。她们生完孩子后都会回来工作。	
承	**曾：刚才讲到团队氛围不错，大家的能力如何呢？** 汪：他们在能力方面还有很大的提升空间，包括我自己。我现在通过这种好的团队氛围弥补他们能力方面的不足，人与人之间的信任很重要，我敢说，大家是支持我的。 **曾：你对他们的能力提升做了哪些事情呢？** 汪：首先当总部表扬我们业绩好的时候，我从来不说这是个人的功劳，我总说某位员工在哪方面做得不错，这才有我们的员工去总部做分享的机会。这两年，我也在刻意培养他们的表达能力，我们内部每周都有情景管理课的培训。 **曾：这个培训教材是厂家的，还是你们自己编的？** 汪：这个培训是公司的，据我了解，每个店都有教材，但是很多店不怎么用。我们每周都会组织大家学习。我让大家每八个人一批，每周四次，一次安排两个人分享。坚持下来之后，大家越讲越好，这既锻炼了大家的表达能力，也提升了大家对业务的理解。 在迎接新车时，我会组织大家现场模拟卖车，让财务、行政人员扮演消费者，让普通员工来打分，评选出前三名。通过这个活动让大家快速掌握新车的卖点和销售技能。 我店里员工的薪酬比集团其他品牌店的员工都要高，这不是领导给我们的，也不是我争取来的，而是大家自己争取来的。有的店到年底的时候会藏业绩，不想冒尖，他们觉得我傻，把业绩全报上去，拿那么一点超额奖，不值得。我不这么认为，这些老板都是知道的，你要把员工的欲望调动起来，因为你今年藏业绩，明年的压力就会减少，员工的拼劲就会下降，明年的业绩很有可能就会下滑，从长远的角度来说是不划算的。	问完团队激励，该问团队培养了

（续表）

面试官提问与应聘者回答	点评
曾：在需要向总部争取一些资源的支持时，您是怎么做的？遇到过什么样的困难吗？ 汪：我比较幸运，老板还是很信任我的。比如前面说的业绩下注的活动，我先跟集团总部人力资源部报备，在征得他们的同意后我才开始做。后来活动效果比较好，他们就对我们比较放心，支持力度也就大了起来。在那个活动中，我没用总部的一分钱，都是用我们自己的资金在运作。	
曾：在提升客户满意度方面，您有一些什么样的措施呢？ 汪：我们主打人情牌，重点是客户认可。我现在坚持每个客户必须要我签字才能闭环，只要我看到有客户投诉，员工一定会被我批评。只有在客户回访时愿意打 10 分了，才可以闭环。在这方面主机厂是滞后的，三年前我就想把客户满意度与销售顾问的绩效挂钩，但是我当时还拿不到数据，现在有系统可以查询。员工拿到多少分，我就在薪酬体系之外发放奖励。	客户满意度是 4S 店的一个很重要的绩效指标
曾：有没有出现哪个问题没有闭环的？ 汪：之前哪个环节出现问题我会打个问号并写上我的意见。现在我不写意见，只打个问号和名字，如果销售经理或售后经理不知道我为什么打问号，肯定会被我批评。其实，我的主意并不比他们的主意更好，只是作为局外人我容易看出问题，但他们的解决方案可能更好，作为总经理，我一定要让员工知道，我会了解每一个客户的。	
曾：这样做下来，现在取得了什么效果？ 汪：在我们区域，我们店的满意度是第一，从整个厂家来看，我们店也是二档 A。所以，去年我们的客户经理也去总部做分享了。	
曾：关于部门之间的协同，您是怎么推动的？ 汪：我要求每个月每个部门给自己打分，也给别人打分。有人说这个会变得形式化，为了让别人给自己打高分，相互之间都会打高分，最后全是高分。OK，如果你给别的部门打了高分，最终协作出了问题，那么到底是什么回事？如果大家都怕出问题，凡事都商量好一起来推动，这就达到了效果。	考察团队协作能力
曾：你在工作成就事件记录里提到过一个医闹的事件，能否详细描述一下？ 汪：我对这个事情印象很深。当时我们刚好装了监控。车在维修车间维修，当事人坐在那里看手机，突然整个人就倒地不动了。我们站长出	通过一些突发事件的处理方式判断一个人的能力

承

173

（续表）

	面试官提问与应聘者回答	点评
承	来一看，马上打电话叫救护车，几分钟后救护车过来将他送去医院了。最终他因心脏病抢救无效去世了。第二天家属过来取车时还感谢我们呢，但第三天就变了，很多人来店里要看视频。 曾：这家人专门请了人过来的？ 汪：这个人不到 30 岁，小孩还没满一岁。他们闹的时候开口就要 50 万。我们把视频监控交给了警方。 曾：当时有没有人威胁你们？ 汪：有，一群人手拉手堵在门口。 曾：面对这种压力时，你是怎么想的？ 汪：我的压力比较大，很担心我们员工的人身安全，比较欣慰的是在这个过程中没有员工受伤。最后客户向我们道歉了。通过处理这件事，我们的团队变得更加团结了，整个中层都产生了保护家园的这种士气。 曾：您在工作成就事件记录里还提到了一个遗憾事件，能否再做一些分享？ 汪：当时集团总部要裁员降低成本，我就跟大家说我们努力把业绩做好，一定不会有什么事，我也没有去跟集团人力资源部沟通。这是我性格上的缺点，不爱主动找领导，怕给领导添麻烦。现在反思，虽然领导很忙，但我需要和领导保持适当的沟通。最终我有三个员工走了，其中两个人是被动离职的，到现在我还是觉得比较遗憾。 曾：这个事情对你有什么启发？ 汪：最大的启发就是一定要跟老板保持良好顺畅的沟通，而且要主动沟通。以前我总觉得只要把自己的工作做好就行了。这是不对的，一定要让老板知道。 曾：这是你做站长时候的事情，这件事情对你以后特别是当店总以后，有什么影响和改变吗？ 汪：有的。我时常拿这个案例与员工分享，一旦发现领导要求的事情不合理，员工不要被动地执行。老板犯错误也很正常，因为他不了解情况。当然，向领导提意见的时候要讲究方式方法。 曾：您是怎么跟领导沟通的呢？ 汪：我现在的解决方案是让领导做选择题，不要让领导做问答题。当和领导的观点有争议的时候，不要第一时间去顶，而是在过程中征求他的意见，老板对问题也会越想越清晰，想法可能会慢慢发生改变。	能力较强的人要适当关注负面事件

（续表）

面试官提问与应聘者回答	点评
曾：在你的职业生涯中有没有印象比较深刻的变化？ 汪：每次晋升都会印象非常深刻，也给我的职业发展带来了源源不断的动力。 **曾：在这些晋升中，你最有挑战的是哪一次？** 汪：是我从站长晋升为总经理的那一次，当时集团是想关店的，之后领导想要我试试，之前和我关系比较好的一些同事都被竞争对手挖走了。其中有一个销售经理，我升了店总以后，我就对他说"你回来吧"，在他去辞职的时候，他的领导就说"你还过去做什么，这家店都要卖了。"我就火了，我亲自开车到那家店门口，过去帮他拿行李，我说"你现在跟我走。"他过来以后，第二个月店里的业务就有起色了，业绩提升了 30%，一个季度后就扭亏为赢。我做店总的第四个月，集团给我颁了个季度优秀总经理奖。那个时候因为起点低嘛，出成绩比较容易，其实现在想想那个阶段不是最困难的。最困难的是做到一定程度后再去提升。 **曾：当时你为什么有信心能把这个店经营好？** 汪：因为我们的售后一直业绩很好，销售人员见到我们都很尊重，对销售这方面我也有思考，虽然我不知道怎样成功经营，但我知道怎样不犯错、少犯错。	职位发生变化的经历也是面试的重要关注点
曾：工作之余你的时间是怎么安排的？ 汪：我以前是业余足球运动员，平时我就踢踢球。 **曾：踢什么位置？** 汪：我踢中锋，我在公司组织了支球队，前天我们还和另一家公司踢了一场友谊赛。有时候工作比较累，我就玩玩游戏。 **曾：玩什么类型的游戏？** 汪：我玩三国类型的游戏。 **曾：你是不是对三国等古典文学特别感兴趣？** 汪：对，比较喜欢。 **曾：这些对你的管理有什么启发？** 汪：有人说要读《孙子兵法》，我说不用，你把《三国演义》看完就行了，里面融入了《三十六计》和《孙子兵法》的内容。我玩游戏时，主要看一下里面的武将，我在给员工做培训时，还会经常讲里面的典故。刘备入蜀时，诸葛亮颁布了很严格的法律，法正就出来反对，法正认为："高祖皇帝入关时，约法三章，废除了秦朝的严酷法律，关中的	从时间安排了解其兴趣爱好，从兴趣爱好了解其价值观、学习能力

转

（续表）

	面试官提问与应聘者回答	点评
转	百姓都非常怀念他的恩德。如今我们刚刚占领益州，就滥用权威，这种做法非常不妥，应该采取怀柔政策，放宽刑罚和禁令，这样才能安抚他们。"诸葛亮回答说："你只知其一不知其二。秦王朝推行苛政，高祖皇帝顺应天下局势，才可以稳固政权。而刘璋昏庸无能，政法松弛，法律威望不在，僭越法度，积重难返。现在我要树立法律的威严，只有恩威并用，才能起到作用。"在讲这个故事的时候，我们店已成立了五年了，我担心还停留在人治的阶段，制度松懈会导致人心涣散。我让大家知道我做绩效考核的目的是什么，该紧的时候要紧，该松的时候要松。去年我还要求每人读一本书，读完之后要写读书笔记。 **曾：去年读了哪一本书？** 汪：我让大家在四大名著里选一本。 **曾：大部分人选了哪一本？** 汪：女孩子选《红楼梦》的多一些，男生选《水浒传》或《西游记》，有点遗憾的是选《三国演义》的人比较少，可能《西游记》比较通俗易懂一些。其实我觉得《三国演义》是最容易读的，《红楼梦》反而要难读一些。 **曾：对，《红楼梦》里面有很多的知识点。如果要想学习一些谋略，读《三国演义》可能更适用一些。** 汪：对，不过我最主要的目的是想提高大家的文化修养，一个人有了修养之后，他的精神面貌是不一样的。	
合	**曾：今天聊得比较充分，快一个半小时了。** 汪：哈哈，时间过得真快。 **曾：您有没有需要补充的？** 汪：没有了，基本都说得差不多了。 **曾：好的，非常感谢您！** 汪：不用客气，通过这样一个面谈的形式，可以引发我的思考，让我对以前做的事情有一个系统性的回顾。非常好！ **曾：好的，我们今天就到这里吧。再见！** 汪：嗯，再见！	收尾

面试总结：本次面试用时 85 分钟，按照"起承转合"的顺序提问，层层深入、条理清晰、结构完整，将 4S 店总经理的重点工作都问到了，考察指标

非常全面。在提问过程中，挖掘出了较多的行为事件，并且按照 STAR 原则进行了追问。

3. 评价意见

定量评价： 面试官对汪先生的各项能力指标评分如图 10-3 所示。

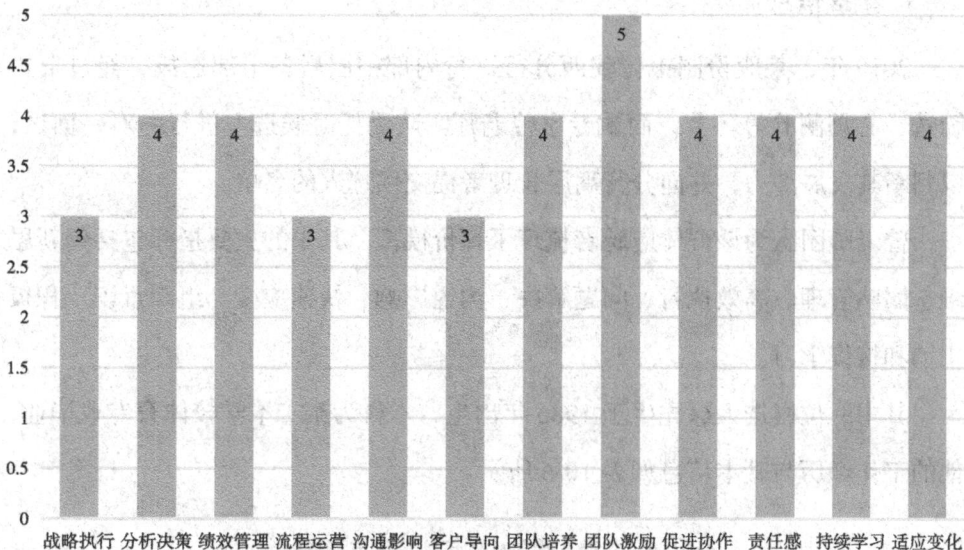

图 10-3　面试官对汪先生的各项能力指标评分

定性评价： 他是一位务实、决策果断，擅长制定独辟蹊径且简单实用的管理措施，带领和激励团队力争第一的总经理；有较好的决策和影响推动能力，对自己的管理决策有充分的信心，能够主动向上级申请资源，影响和推动公司领导支持自己的管理决策；学习能力强，能从文学典故中汲取营养，并将其应用到经营管理工作中；业绩突出，管理措施的创新性与实用性强，特别是在团队激励和团队凝聚力提高方面有创新的想法并能够很好地执行；在团队激励方面，提倡争先精神，注重培养员工的荣誉感和归属感；在团队能力培养方面，能够创造学习的氛围，搭建锻炼个人能力的平台。

风险提示：由于其能力比较突出，集团可能会面临外部竞争对手挖角的情况，需要多关注其薪酬回报与成就感，留意其稳定性，注意培养继任者人选。

四、某银行零售金融部经理内部选拔面试

1. 背景信息

2019 年，某股份制银行陕西分行进行内部中层后备干部选拔，经过资格筛选、心理测验等环节，面试专家曾老师团队受托对候选人进行一对一面试，以判断其发展潜力，并向分行高层管理者提交候选人的名单。

曾老师团队为该群体应聘者梳理了评价模型，其中的主要指标包括创新思维、团队管理、高效执行、问题解决、沟通影响、快速应变、组织意识、积极主动和持续学习。

其中一位候选人徐先生于 1986 年出生，本科为某二本学校体育专业毕业，他的工作经历与基本信息如表 10-6 所示。

表 10-6　候选人徐先生的工作经历与基本信息

	时间	主要经历
工作经历	2009 年 4 月～2009 年 11 月	某保险公司陕西分公司银行业务部
	2009 年 12 月～2011 年 3 月	某股份制银行陕西省分行某支行财富保障策划经理
	2011 年 4 月～2016 年 6 月	某股份制银行陕西分行理财经理、社区支行行长
	2016 年 10 月至今	某股份制银行陕西分行零售金融部私行投资顾问、产品经理
荣誉奖励	2015 年	陕西省银行业协会服务明星
	2016 年	某股份制银行第五届理财师大赛个人赛一等奖第一名、团队赛冠军
	2015 年～2017 年	某股份制银行总行私人银行培训班 5 次优秀学员、2 次优秀小组

（续表）

	时间	主要经历
荣誉奖励	2017 年	某股份制银行私人银行"优秀投资顾问" 某股份制银行西安分行"优秀员工"
	2018 年	第一财经中国理财精英评选"年度最佳私人银行家" 某股份制银行总行私人银行家族信托"创新方案奖"

2. 面试过程

面试官曾老师与候选人徐先生的交流过程如表 10-7 所示。

表 10-7　面试官与候选人徐先生的交流过程

	面试官提问与应聘者回答	点评
	曾：我看了你的简历，你的经历比较丰富，获奖也很多。 徐：哈哈，可以这么说吧。	暖场，对方很得意
起	曾：在你获得的这些荣誉奖励中，哪一个最有含金量、最有挑战性？ 徐：我觉得都挺有含金量的。如果一定要选一个的话，是 2018 年获得第一财经举办的中国理财精英评选的"年度最佳私人银行家"。当时，全国有 3 000 名理财师参与评选，评选流程有线上知识问答、线下面试、TED 演讲、线上投票，最终由评审委员会从业绩指标、从业经历、人气指数、面试评估四个维度衡量。设有四种团队奖、六个个人奖，我获得的"年度最佳私人银行家"全国只有 10 个人当选。	荣誉奖励能反映一个人的能力水平，最高荣誉反映最高水平
	曾：其他奖项的获奖人数很多吗？ 徐：其他奖项，如"年度最佳理财培训师""年度最佳理财师""年度人气理财师"，获奖人数都在 50 人以上。	对比人数看含金量
承	曾：你为什么能获得这个奖项？ 徐：2015 年我主办的首笔家族信托业务正式签约，这也成为我行全国首单家族信托业务，标志着我行家族信托业务正式起步。2017 年，我作为投资顾问，在总分行的共同努力下，又成功签约一笔预计委托规模为 3 亿元人民币、初次委托金额为 8 000 万元人民币的家族信托业务，这笔业务创新性地使用了架构不同的两个家族信托，帮助客户实现了风险隔离和财富传承的需求，其业务模式为行内首次，受托规模也创造了行内家族信托业务记录。	寻找获奖与努力之间的关系

（续表）

	面试官提问与应聘者回答	点评
承	曾：**2015年首笔家族信托业务是怎么签下来的？客户为什么选择我们？** 徐：当时我们的客户经理在与客户的沟通中，了解到客户希望通过家族信托实现财产隔离与传承、保障子女未来教育与生活等多重目的，便与我取得联系，我当时在分行零售事业部担任投资顾问。我为这个客户设计了一个个性化的家族信托专案。据说，客户与其他银行做了对比，觉得我们的方案考虑问题比较周全，在实现收益最大化的同时也有效地防范了风险，所以选择了我们。	行为化问题，STAR要素基本完整，但写专案的行为过程还不太详细，所以还需要追问
	曾：**是几月份签约的？** 徐：2015年3月份，具体是哪天我记不太清了。在网上都能查到相关的新闻。	通过追问细节来判断真实性
	曾：**行内以前没有开展过这类业务，你是怎么做出这个家族信托专案的？** 徐：是这样的，这主要与我个人平时的爱好与学习有关。近几年，随着国内私人财富不断积累，高净值人士阶层人数迅速增加，并呈现老龄化趋势，财富传承的时代已经到来。家族信托是一种信托机构受个人或家族的委托，代为管理、处置家庭财产的财产管理方式，以实现财富规划及传承的目标。所以，近年来家族信托已经逐渐受到高净值客户和业界的重视和青睐。作为理财经理，我关注到其他银行如招行已经在2013年开展这类业务了，我判断它会迎来一个黄金时期。所以我在平时就自学了相关方面的知识，看了很多书，加上我有理财经理的从业基础，所以做出这个专案对我来说并不难。	通过追问来考察候选人解决问题的能力。如果能进一步追问是否有其他同事或领导给予帮助就更好了
	曾：**你从体育专业背景转型到投资顾问，一定付出了很多努力吧？** 徐：大学毕业时，我肯定没想到会像现在这样每天穿着正装在银行上班。正因为我不是科班出身，所以我要付出比其他人多几倍的努力，我花了很多时间来学习，考过与投资理财相关的一些资格证书，如CWMP国际认证财富管理师、RFP注册金融理财认证讲师、互联网金融管理师等，这为我开展工作打下了很好的基础。除此之外，我还在读南开大学金融硕士的同时，又报考了中国政法大学的法律硕士。	专业、职位等发生转变能体现一个人的能力
	曾：**你已经读了金融硕士，为什么还要读法律硕士？** 徐：家族信托业务除了要有金融背景外，还需要有系统的法律知识作支撑。让财富管理插上法律的翅膀，能更好地解决境内高净值家族财富传承中的现实难题。	了解其学习目的与职业规划

（续表）

	面试官提问与应聘者回答	点评
承	**曾：投资顾问这项工作很忙吧？你每天的工作节奏是怎样的？** 徐：我的每一天都很紧张而充实。每天一上班，我先要对前一天的市场进行回顾，针对重大事件独立完成事件分析和解读。同时，针对每天的客户邀约情况进行回顾和总结。在晨会时间，我要对支行进行业务辅导和跟进。在进行客户陪谈后，与支行确定客户服务方案，便于支行后期跟踪服务。下午，我还要进行事件处理和客户面谈，一般一周预约面谈的客户不低于5位，包括前期已经完成面谈的客户的回访工作。在参加完支行的夕会后，我还要回到分行，填写每天的工作进度表。最后，处理每天的日常邮件。 **曾：你工作这么忙，还要读两个硕士，而且都在外地，你的时间安排得过来吗？** 徐：时间就像海绵里的水，挤一挤总会有的。我现在是减掉一切社交的时间，减少不必要的时间浪费，压缩休息时间，平均每天只睡5个小时，晚上的时间都用来处理工作、看书或完成作业。周末飞到外地去上课。有时因为工作的原因没来得及订机票，只好坐高铁，就会更累一些。 **曾：你的家庭对此没有意见吗？** 徐：当然是有意见的，不过她们还比较理解和支持我。我有两个小孩，一个4岁多，一个不到1岁，家里当然希望我能多花些时间在家庭上。所以我特别感谢我的妻子，基本上都是她在照顾家庭，我感到特别惭愧。有时候我出去上课，也会把她们一起带上，顺便带她们出去玩一玩，也算是一种补偿吧。	了解其学习与工作的平衡，以及时间管理能力
	曾：你目前这个职位是属于专业岗位，对吧？有没有团队成员？ 徐：是的，目前我没有直接下属，就是自己管自己，对支行有业务上的指导。 **曾：你以前有没有带过团队？** 徐：有的，我曾经担任过两年的社区支行行长，连续五个季度业绩排名整个分行第一。 **曾：当时您管的那个社区支行有多少人？** 徐：三个人，分别是一个理财经理、两个客户经理。 曾：你这个支行的位置在哪里？ 徐：比较偏，接近城乡结合部的地方，周围没什么大公司，也不是很繁华，所以我这个业绩是真正凭实力拿下来的。	继专业能力之后，考察管理能力，并且通过询问地理位置，排除地段带来的业绩影响

（续表）

面试官提问与应聘者回答	点评
曾：你当时采取了哪些措施呢？ 徐：他们都觉得很难，其实我觉得挺简单的。作为管理者，要懂得抓重点。对于社区支行的业绩考核，就是考核存款，而要搞定存款，关键是要找到大款。所以我跟团队小伙伴们说，要去找社区有钱的客户，特别是私营企业主。所以，我组织的活动都是高端的，不一定邀请到私营企业主本人，能把他的家人邀请过来就很不错了。组织针对有钱人的活动，如举办一些奢侈品展览、宠物饲养咨询、高端运动、健康养生活动等。能拉来几个大客户，存款的问题就不用愁了。 曾：能不能说得更具体一些，举一个例子？ 徐：有一次举办活动，参加人员里有一位女士，她的长相和穿着并不起眼，但我看她的手表很像某款名表，于是重点跟进了下。我知道她家里有一个 6 岁的儿子，就赠送了她一张骑马的券。原来她家是开公司的，在我这里开了户，后面通过她的介绍拉来了几个大老板。平时我会组织团队成员掌握各种奢侈品的品牌尤其是 Logo，让大家背，我还要考试。 曾：你是怎么提高团队成员的能力的？ 徐：这个比较简单。我把目标定好之后，大家研究一套方案，然后大家按这个方案去执行，中间遇到什么问题可以随时反馈。每服务一个客户，我都会和团队成员进行总结反思，今天哪里做得不对，哪里做得比较好，下次需要改进什么。一段时间之后，他们就养成了总结的习惯，我只负责抽查和监督。另外，我要亲自带头示范，你做不好，我做一次给你看，你跟着学就可以。如见客户，我先让他们跟着我去见客户，看我是怎么跟客户沟通的，回来之后再给他们分析一遍，让他们知道刚才为什么要那样说。	考察经营管理能力和团队管理能力
曾：很多智商高的人，在与人沟通时情商不一定高。你平时与人沟通时，有没有一些摩擦、不愉快的事情发生？ 徐：还真被你说对了。我以前和别人沟通时，曾发生过一些不愉快的事情。因为我这人办事讲究效率，喜欢直来直往，对于看不惯的事情我会直接说出来，所以有时会得罪人。随着阅历的增加，我也逐渐意识到这个问题了，现在和别人沟通时，我会适当注意自己的表达方式，多倾听别人的意见，之后再发表自己的观点。	考察人际关系处理能力

承

（续表）

	面试官提问与应聘者回答	点评
转	**曾：你对自己未来的职业是怎么规划的？** 徐：关于职业规划，我考虑得比较清晰，我想在私人银行投资顾问这个业务方向继续发展，我行以对公客户为主，对私业务较少，因此对私的人才稀缺；同时，对公客户里有很多高净值人士，他们有很多投资理财的需求，所以我觉得往这个方向发展比较有空间。说实话，我现在外部的机会也很多，经常接到猎头电话，邀请我外出演讲的机构也不少。所以，未来我一方面希望在专业能力上继续提升，另一方面想在职位上能更上一个台阶，自己能带一个团队，为行里培养更多的专业人才。	考察职业规划
	曾：你已经读了两个硕士了，将来打算怎么继续提升呢？ 徐：硕士上面还有博士呀，我已经联系了西安交大的一位教授，平时我们在工作上有不少的交流，他答应等我念完硕士去读他的博士。	继续考察学习动力
合	**曾：您还有什么要补充说明的吗？** 徐：没有了。 **曾：那我们今天的面谈到这里结束了，非常感谢您！** 徐：不客气，你们也辛苦了！	收尾

面试总结：此次面试时间虽然较短（40分钟），但提问的顺序符合"起承转合"结构，考察指标较为完整，挖掘出了较多的行为事件，并且进行了相应的追问，总体上属于效果不错的一次面试。

3. 评价意见

定量评价：面试官对徐先生的各项能力指标评分如图10-4所示。

定性评价：整体判断较为优秀：自信沉稳，表达清晰简洁，结构化思维较强，工作中能把握住关键点；工作经历丰富，既有销售经历，又有短暂的带团队经历；业务能力较强，专业知识扎实；学习能力非常强，在学习上投入的时间非常多；有理想抱负，自我提升意愿度非常高；能认识到自身的优劣势，对未来的职业生涯思考得非常充分，并有明确具体的学习计划。

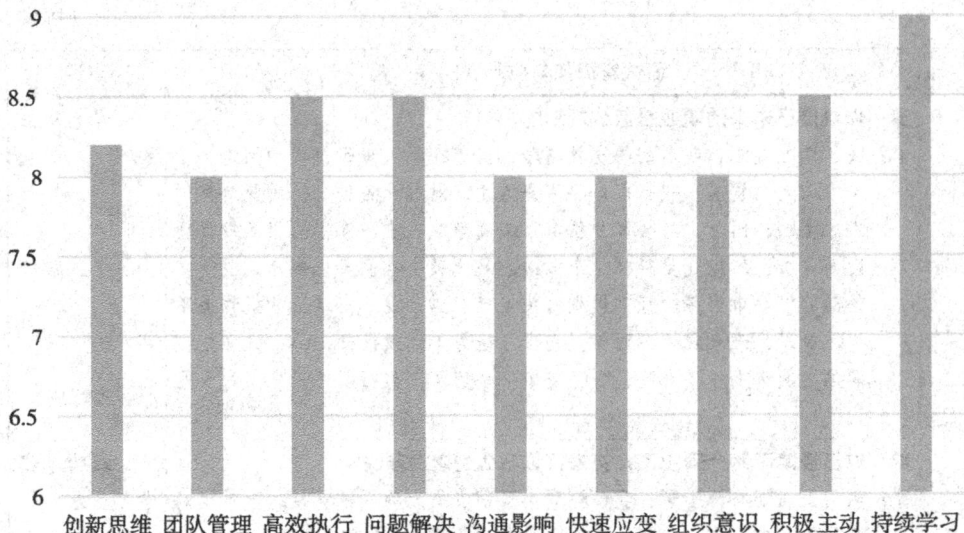

图 10-4　面试官对徐先生的各项能力指标评分

风险提示：性格直爽，沟通风格较为直接，对人际关系处理会有一定的影响；带团队经历较短，较多时间是独自开展工作，其带领更大的团队还需要一定的适应期。

五、某地产公司项目经理人才盘点面试

1. 背景信息

深海集团为总部在深圳的一家房地产公司，2015 年公司对 150 多名中高层管理人员进行了人才盘点，面试专家曾老师团队承接了本次项目，在人才盘点过程中采用的测评工具包括在线素质测评、角色扮演和行为化面试。

曾老师团队为深海集团中层管理人员构建的能力评价模型有执行推动、有效沟通、培养下属、团队激励、成本控制、创新意识、勇担责任和学习导向八个指标。

童先生为其中一位被盘点对象，他面试时的职位为沙井项目部经理。

2. 面试过程

面试官曾老师与被盘点对象童先生的面试交流过程如表 10-8 所示。

表 10-8　面试官与被盘点对象童先生的交流过程

	面试官提问与应聘者回答	点评
起	曾：童经理，您好。 童：曾老师好。 曾：欢迎您参加今天的面谈。您的在线测试做完了吗？ 童：还没有呢，这几天比较忙，准备面谈完就去做。 曾：麻烦您简单介绍一下您的工作经历，以及目前负责的项目的基本情况。 童：我是吉林长春人，在长春上大学，于 2004 年毕业，先在中建三局工作了七年，2011 年 5 月加入深海集团，最开始是在工程管理部工作，大概半年后就到了一个项目里。去的时候工程已经封顶，我一直做到竣工验收、业主入伙。我是以主管工程师的身份参加项目的，然后被任命为另一个项目的副经理。2012 年我就接手了一个项目，开始担任项目负责人，一直到 2014 年年底。沙井项目是我在 2014 年年底接手的，今年 1 月开工，因为土方问题停了几个月。现在我是沙井项目部的负责人。	通过询问工作经历来暖场
	曾：现在项目部是什么样的人员配置？ 童：项目部目前有 6 个人，2 个土建（工程师），1 个水暖（工程师），1 个电气（工程师），还有一个资料员。 这个项目的整体面积是 39 万多平方米，共有 5 个地块，实际上涉及楼盘建设的只有 3 个地块，还有 2 个地块涉及的公园等是交给政府的。目前的进展是还在进行土方和桩机，工程实体还没有正式开工，今天正在谈总包合同。 曾：三通一平已经完成了？ 童：挖土和桩机还在进行呢。现在有 43 万立方米的土方，有 400 多根桩。 曾：这个项目是什么样的定位？ 童：属于一个轻装交付，一二楼是一些商铺，还有公寓，有点像城市综合体。 曾：户型是怎样的？	了解项目的基本情况，寻找提问切入点

（续表）

	面试官提问与应聘者回答	点评
起	童：从 90 多平方米到 190 多平方米，三房四房五房都有。 **曾：总共规划有多少户？** 童：2 800 多户。 **曾：投资是多大的规模？** 童：还没有最终确定投资，还在不断地调整，大致是十几亿元。 **曾：开始施工是什么时候？** 童：土方是今年 1 月 15 日开的工，中间停了 4 个月，主要是报建不及时。现在在做支护，中间穿插着进行总包工程，11 月 15 日要定。11 月底总包要进场，明年 4 月 30 日的时候要做到正副零。明年 10 月要卖楼，整体交付要到 2019 年。 **曾：第一批交楼是什么时候？** 童：这个楼盘与其他楼盘有所不同，是整体建设、整体交楼，要到 2019 年才能交楼。营销部那边可能会每次组织七八百户进行预售。	
承	**曾：今年还剩一个季度，您接下来的工作重点是什么？** 童：今年年底把土方和桩机做完，明年的工作重点是围绕预售这个节点满足营销部的要求。深圳规定主体进度要达到三分之二，配套要达到封顶，如幼儿园等，才可以办预售证。明年的重点工作就是围绕预售展开。 **曾：接下来，你的进度规划是什么样的？** 童：六天盖一层。会赶一些，综合来看是五天盖一层，要考虑到雨季，有时要争取做到四天盖一层。 **曾：现在每周，你把最多的时间花在哪些方面？** 童：我把一些具体的工作交给工程师来负责。我主要负责协调施工单位，还有就是与公司各部门的协调，如图纸，现在的进度还是比较落后的。我现在每天在追这个进度，昨天下午还在会议室开了一个协调会议。我把我的施工意图告诉他们。既要拿出你最好的设计成果，又要有利于我现场施工的效果。如果不作横向对接的话，现场做起来就比较困难。总体来说，我比较重视三方面的工作：一是报建手续的跟进，二是设计图纸的跟进，三是与采购部门的沟通。 **曾：按照明年的节点安排，您最大的困难是什么？** 童：最大的困难是二号地的设计。因为二号地块的设计不是我这个部门能掌控的。一号、三号地的设计没什么问题。三号地现在还在进行方案报建，方案报建完了之后才能出施工图，施工图出来之后才能拿给施工单位施工。二号地是目前压力最大的，其他方面应该没什么太大的问题。	询问工作重点，考察其工作思路是否清晰

（续表）

面试官提问与应聘者回答	点评
曾：除了进度以外，你是怎么管理质量、安全、成本的？ **童**：针对安全，老板制定了一个原则，那就是安全第一、质量第二、进度第三。绝对不要因为赶进度牺牲安全和质量。针对现场安全，我的要求是一周一次例行安全周检，对监理单位、施工单位、分包单位等，每周必须例行查一次，平时巡检就是以工程师为主，在现场随时发现问题随时提出，然后以发布监理通知单的方式限时整改，如果你没整改好，就只能处罚了。我并不是以处罚为目的，但是处罚不能少。如果处罚了依然没有整改好，就只能重罚了。目前项目的进展还没有到接受公司级别的安全检查的程度。后续会有公司层面的工程管理部检查进度、质量、安全现场，每季度还有集团的检查。我们也会有巡查，要求发现问题立即整改，如果有隐患、缺陷就让他及时完善。 在质量方面，重点控制沉桩质量，我们请了第三方检测中心检测，质量控制做得还不错，桩机刚开工十几天，目前还没有出现质量方面的问题。明年重点控制主体的施工质量，如构建尺寸、定位尺寸。对总包、对模板我们有强制性的要求，必须采用黑模，否则强度会不够，周转次数不得大于4次。原来按定额是要达到11次的，但是目前的建筑材料如果达到11次的话就基本没法看了。这样整个混凝土的观感构建尺寸就有保障了。至于构建定位只能靠现场的测量。下一步主要控制的是砌体工程，要求用的是高精砌块。高精砌块有什么好处呢？就是强度有保证。这样平整度都控制好了，下一步抹灰就省心了。通过这两个手段，既控制了模板，又控制了砌体，还控制了主体和初装饰的施工质量。明年针对样板房精装修这一块，要严格控制我们公司关于精装修的各类标准。 **曾：你是怎么做隐蔽工程管理的？** **童**：最重要的就是钢筋隐蔽了，除了集团有相应的标准以外，我们深圳公司也有关于钢筋工程的节点要求。我刚加入公司时，深圳公司的老总就非常重视隐蔽工程，召集工程部和项目部形成了一套标准。正常情况下都是施工单位完成自检，提请监理验收，我们要求监理验收的时候，必须要通知我。 **曾：我们的监理公司是自己的还是从外面引进的？** **童**：都是从外面引进的。	主要谈的还是思路和想法，属理论式回答，没有具体的行为事例，证据不充分

左侧栏：承

（续表）

面试官提问与应聘者回答	点评
曾：你是怎么开展成本管理的？ **童**：分两方面。一方面是可优化的部分，对此我们会参与图纸设计环节，如 11 月 11 日设计部会组织一次图纸审查，我们会在设计过程中提出可优化部分，至于合不合适，由领导最终确定。另一方面，主要是防止现场指挥失误造成额外成本的增加。举个例子，在沙井项目，从围墙基础到开发面上有 1.5 米左右的高差，挖完以后现场就是露土的，如果下雨，现场雨水一冲，围墙就要倒了。所以在这种现场我们只能用喷射混凝土把它固定住。类似这种情况在设计图上是体现不出来的，但是会增加费用。如果按设计图纸，要喷 15 厘米混凝土，就划不来了，我告诉施工单位，喷 6 厘米就足够了。发指令单时就要发清楚，只是 6 厘米混凝土，结算时候也是按这个标准结算，否则施工单位就会多要钱。关于成本控制方面，公司给我们制定的要求就是现场签证率不能大于 2%。 **曾：现场签证通过什么方式去控制？** **童**：综合评估这个事情的投入和风险，如果认为风险大于投入，就要去做。现场签证需要经过领导的审批，领导把关也可以起到控制的作用。	举了一个具体的行为事例。这个事例其实还可以继续追问，以符合 STAR 原则，如取得了什么效果
曾：现在的团队成员加上你一共有六个人，明年计划配多少人？为什么这么配？ **童**：明年加两个土建（工程师），加一个水暖（工程师），加一个电气（工程师），加一个园林（工程师）。为什么这么加呢？我们是分了两个地块，一边放两个土建是比较合适的，水电一个人管两个地块管不过来，所以就让他们一人管一边。明年园林都在展示区，有一个园林工程师也够了。 **曾：你们其他项目一般是怎么配备人员的？** **童**：这个就复杂了，根据项目的规模来配备人员。土建一般 10 万平方米界面配备一个人，机电一般 20 万平方米界面配备一个人。 **曾：明年你准备怎么管理他们？** **童**：人员进场之前的面试都是我做的，现有 6 个人里面只有一个土建工程师和资料员是我带过去的，其他人都是新招来的。通过面试，我会对一个人的性格、工作经验、工作能力有所了解。我现有团队里有一个给排水工程师比较年轻没什么经验，集团的 HR 也说了，虽然他经验不足，但是有学历、有潜质，我们要允许这种差异化梯队建设。我就	人员管理也是一个重要问题，看得出应聘者在人员管理方面有自己的独立思考和想法

承

（续表）

面试官提问与应聘者回答	点评
要求再配备一个能力强的给排水工程师，因为如果两个给排水工程师都是弱的，现场管理就会出问题。开发计划这部分，我是跟公司讨论了很多轮后定下来的，我会把它录入到系统中，这样项目部里的每个人都会看到这个开发计划，每人花一周的时间熟悉这个计划，然后我们再召开一个专题会议，讨论一些很重要的节点，让每个人熟知这些节点。如果员工记不住这些节点，现场管理是没有目标的。还有就是，项目的月度实施计划都是我来编写，我知道有人叫下面的人编写实施计划，但我从来不这么做，因为只有把下个月的工作计划想清楚了，你才会知道怎么安排节点。月计划编完之后，我会报工程总监批准，然后报行政人事备案。领导同意后，我会把这个月的计划转发给整个项目部，每个人根据月度计划编制好自己的周计划。现在我们是每周二上午8：30准时召开项目周例会，团队员工要汇报上周工作完成情况、本周工作计划以及需要公司协调解决的事情。 承	
曾：我们的项目部不配项目总工之类的技术岗位吗？ 童：一般不配，所有的技术问题都报到我这里，如果我不能解决，再上报到公司的工程管理部或设计部。如果这两个部门还解决不了，集团层面有总工。	
曾：你是怎么激发大家的工作热情的？ 童：每个人入职以后，我都会把他们叫到我办公室单独谈话，先强调一下公司的制度和纪律，在这个问题上永远不要犯错误。针对工作热情方面，我强调每个专业之间不要出现壁垒，你个人再优秀，如果没有团队精神，也不能把整个项目做好。我们这种工作性质不要搞个人英雄主义，没有团队凝聚力是不行的。私下在不忙的时候，我会抽空跟大家聚一聚，爬爬山、吃个饭，该放松的时候放松一下，增进大家的感情交流。如果大家有困难需要帮助的，我这个层面能解决的就在部门内部解决，让他感受到领导的关心。在工作上，每个专业人员之间要进行经常性的沟通，如土建和安装之间就要多沟通交流。不用担心晋升方面的问题，只要做得好，我肯定会给他们机会。如果整个项目结束，我都没有把人培养出来，那就是我的失败。	主要谈的还是思路和想法，属于理论式回答，可以进一步追问行为事例
曾：你工作以外的时间是怎么安排的？ 童：我是项目第一责任人，周末的大部分时间都在项目上。 转 **曾：在项目上肯定会有一些空闲的时间，这个时间你都做些什么呢？** 童：我会把同事、监理或施工单位拉到一起，喝喝茶、聊聊天，增进感情，或协调解决一些项目上的事情。	从时间安排看其学习意愿，说明学习动力不强

（续表）

	面试官提问与应聘者回答	点评
转	曾：**你在学习上有没有什么计划？** 童：唉呀，还真被你问到了。我在这块确实没什么安排。我也感觉到毕业之后，自己在学习上的投入不够，大多是通过与别人交流来丰富自己，系统性的学习是不够的。所以我打算明年去读一个MBA，还是不能中止学习。 曾：**关于读MBA，你有具体详细的计划吗？** 童：我在网上查过一些资料，也找同学、同事了解过情况，包括北大、清华在深圳的研究生院，还有深圳大学。本来我今年就要报名的，因为现在项目刚上马，周末时间还走不开，所以明年等项目人手齐了之后，时间可能会充足一些。	
合	曾：**好的，由于时间关系，我们今天就先聊到这儿了。请您尽快抽时间完成在线测试。** 童：好的，我今晚就把它做了。 曾：**非常感谢您！再见！** 童：不用客气，再见！	收尾

　　面试总结：此次面试的提问顺序符合"起承转合"结构，关注到了房地产公司项目经理应负责的进度、质量、安全、成本、人员管理，及其自我学习等方面。由于被盘点对象负责的项目刚刚启动，项目管理中涉及的进度、质量、安全、成本等典型情景还未出现，他表达的都是未来的想法，也就是理论式的回答，这是本次面试的不足之处。面试官可以通过询问被盘点对象在上一个项目中的具体做法做出判断。

3.评价意见

　　定量评价：面试官对童先生的各项能力指标评分如图10-5所示。

　　定性评价：童先生符合项目经理的岗位要求。其思路清晰，对项目管理中的重点、难点以及未来的挑战与风险有清晰的认识和预见，并有明确的应对措施；语言表达有较强的逻辑性，感染力强；乐观积极，充满热情与活力，做事干净利落，雷厉风行；有较强的团队管理意识，注重为下属提供资源，愿意为下属和团队的发展争取利益；需要进一步加强自主学习。

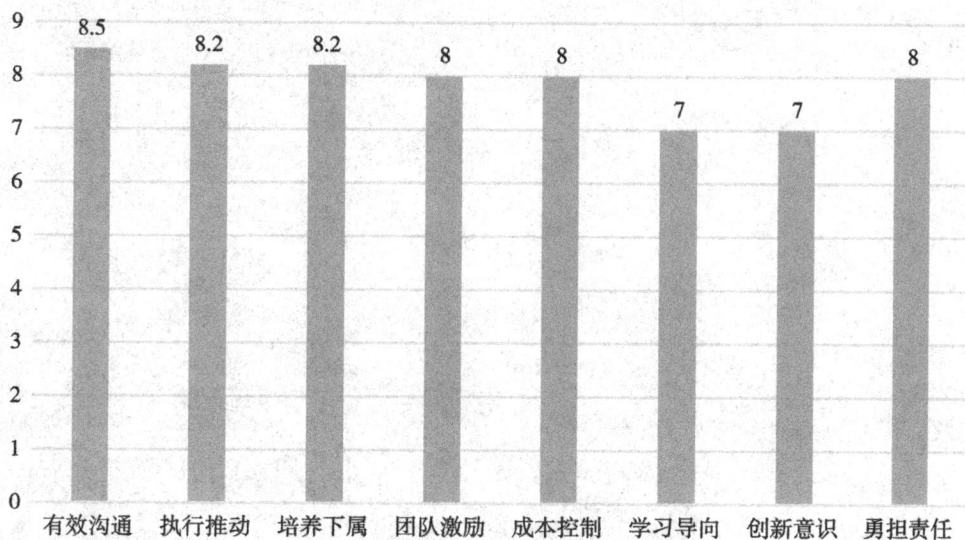

图 10-5　面试官对童先生的各项能力指标评分

风险提示：童先生的主要工作经历都在地产项目上，全面经营管理与大团队管理经验不足，对行业发展趋势和公司战略方面的思考也较少。

附录一

超级面试官常用胜任力词典

一、胜任力词典结构

本胜任力词典中的指标及定义，综合了麦克利兰胜任力词典库、国内外知名咨询公司的胜任力词典库，结合了笔者近十年的人才管理咨询经验提炼而成。附图 1 中是通用能力指标，读者可以根据企业或岗位的需要，选择不同的指标进行组合，从而形成新的指标，也可以对指标行为进行分级描述，这样会更加精细化，更便于为面试评分。

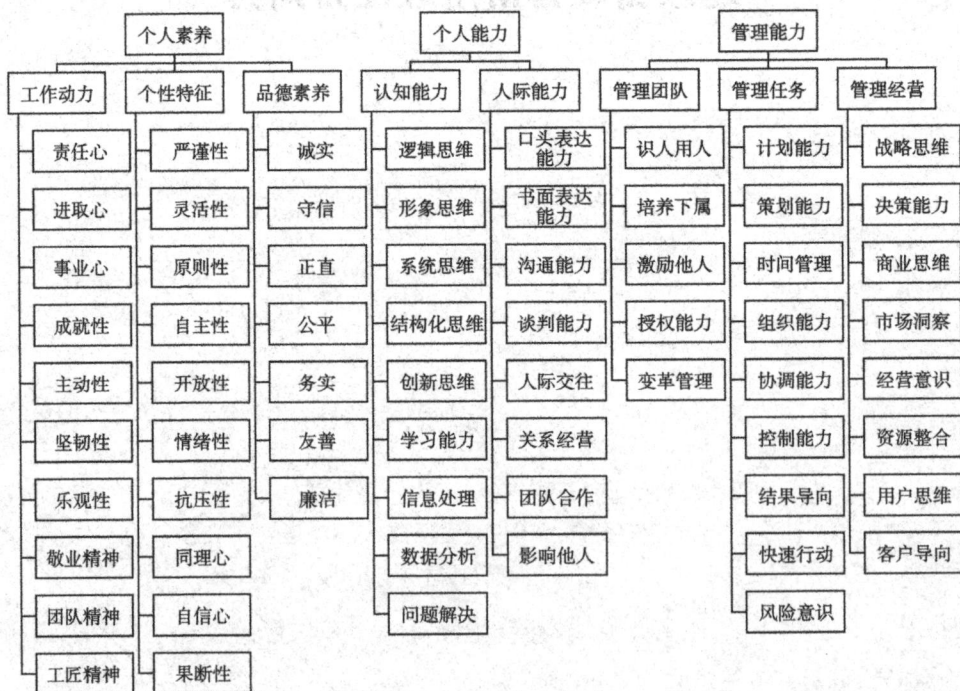

个人素养			个人能力		管理能力		
工作动力	个性特征	品德素养	认知能力	人际能力	管理团队	管理任务	管理经营
责任心	严谨性	诚实	逻辑思维	口头表达能力	识人用人	计划能力	战略思维
进取心	灵活性	守信	形象思维	书面表达能力	培养下属	策划能力	决策能力
事业心	原则性	正直	系统思维	沟通能力	激励他人	时间管理	商业思维
成就性	自主性	公平	结构化思维	谈判能力	授权能力	组织能力	市场洞察
主动性	开放性	务实	创新思维	人际交往	变革管理	协调能力	经营意识
坚韧性	情绪性	友善	学习能力	关系经营		控制能力	资源整合
乐观性	抗压性	廉洁	信息处理	团队合作		结果导向	用户思维
敬业精神	同理心		数据分析	影响他人		快速行动	客户导向
团队精神	自信心		问题解决			风险意识	
工匠精神	果断性						

附图 1　通用能力指标

二、胜任力指标定义

1. 工作动力类

胜任务词条	具体含义
责任心	勇于承担工作中的各种责任，对结果负责，如果没有完成自己的工作，愿意承担不利后果或强制性义务
进取心	好胜心强，不满足于现状，能够为自己设定较高的工作目标，勇于迎接挑战，要求自己的工作成绩出色
事业心	有远大的理想抱负，努力成就一番事业并愿意为之持续奋斗，认为事业的成功比物质报酬和享受更为重要
成就性	希望出色地完成工作任务，在工作中争取达到高标准，愿意承担重要且具有挑战性的任务
主动性	在没有被要求的情况下，能够发现需求并自发地采取行动以实现工作目标
坚韧性	在困难或威逼利诱面前毫不动摇，坚持不懈地实现既定目标
乐观性	从积极向上与正面的态度来看待人生和处理事情，充满正能量
敬业精神	用恭敬严肃的态度对待自己的工作，勤奋、刻苦，为工作尽心尽力，忠于职守
工匠精神	专注于工作，喜欢不断雕琢自己的成果、改善工艺，追求完美和极致
团队精神	将团队利益摆在首位，尽力融入团队，认同团队的价值理念，履行自己在团队中的职责

2. 个性特征类

胜任力词条	具体含义
严谨性	能保持客观、严谨的工作态度，重视工作质量，关注工作的细节与准确性
灵活性	能根据环境的变化调整工作内容、工作方法，以达成工作目标
原则性	做事和思考问题时能够坚持相关的规则与标准，不会轻易动摇
独立性	也叫自主性，指能够摆脱对他人的依赖，独立自主地开展工作，自行解决工作中遇到的各种难题
合作性	愿意与他人一起工作或完成某项任务，而不是独立工作或互相竞争

（续表）

胜任力词条	具体含义
同理心	能够倾听并体会到他人没有表达出来或表达不完整的想法和感觉
开放性	能接纳新鲜事物，包括新的、不同的甚至是违背常规的观念
情绪性	处于敌意、压力、对抗或紧张的环境中，能够稳定并控制情绪，保持平常心
抗压性	面对艰巨的任务或社会压力时能保持冷静并妥善处理，以专业水准完成工作
自律性	能严格要求自己，保证自己的行为符合规范，做应该做的，而不是自己想做的事情
自信心	发自内心地自我肯定，深信自己一定能做成某件事，实现自己追求的目标
果敢性	在困难中能够辨别事情的真相，迅速做出决定，并敢于采取行动

3. 品德素养类

胜任力词条	具体含义
诚实	实事求是，说真话，不阳奉阴违，不弄虚作假，不隐瞒事实，不夸大成绩
守信	信守承诺，表里如一，言行一致，想办法实现自己承诺过的事情
正直	不畏强势，不凌弱势，敢做敢为，能坚持自己的原则，并能公开反对错误的观点
公平	对待人和事一视同仁，处理事情合情合理，不偏袒某一方或某一个人
务实	讲究实际，不做表面文章，排斥虚妄，拒绝空想，鄙视华而不实
友善	友好，能够善待他人、主动帮助他人，可以维持亲近、和睦的人际关系
廉洁	做人光明磊落，克己奉公，不以权谋私，不做损害集体利益的事情

4. 思维能力类

胜任力词条	具体含义
逻辑思维	也叫抽象思维，指通过概念、判断、推理等思维形式反映客观世界，包括正向思维、能逆向思维、横向思维、发散思维
形象思维	也叫直感思维，是一种复杂的多途径、多回路、非线性的思维方式，包括灵感、顿悟等思维形式

（续表）

胜任力词条	具体含义
系统思维	指在分析和处理问题时，能从整体出发，有大局观，注重构成因素之间的内在联结的一种思维方式
结构化思维	按一定的内在逻辑关系对工作任务或信息进行分类整理，使复杂问题简单化、不确定的问题明确化
创新思维	以超常规甚至反常规的方法、视角思考问题，产生原创性和突破性想法，提出与众不同的解决方案
学习能力	采用合适的学习方法，吸收新的知识、技能、理念，并将其应用于工作实践，促进工作目标的达成
信息处理	为给定的目标选择适当的手段，对工作需要的信息进行收集、分类、加工、整理
数据分析	为了提取有用信息并形成结论，有目的地收集数据，对数据加以详细研究和概括总结，使之成为信息
问题解决	能清晰准确地发现问题，通过收集相关信息来分析问题，并提出有效的解决方案来解决问题

5. 人际能力类

胜任力词条	具体含义
口头表达能力	用声音把自己的思想、情感、想法和意图等清晰明确地表达出来，并善于让他人理解、体会和掌握
书面表达能力	用文字、图形等方式把自己的思想、情感、想法和意图等清晰明确地表达出来，并善于让他人理解、体会和掌握
沟通能力	通过人与人之间的信息交流，实现对信息的理解和认识，取得相互了解、信任，形成良好的人际关系
谈判能力	准确把握谈判各方的共同利益与可能发生的冲突，以形成各方都能接受的解决方案
人际交往	能够体谅他人感受，凭借主动、热情的态度和正直的人格赢得他人信赖，从而促进双方良好的合作，并达成工作目标
关系经营	与有助于完成工作目标的合作伙伴、客户、政府、媒体等建立、维持紧密、有影响力的联系，并在组织外部建立广泛的人际网络

（续表）

胜任力词条	具体含义
影响他人	能敏锐识别影响任务进程的关键因素，采取适宜的途径、方法或手段对相关方施加影响，以保证工作得到有序推进

6.管理团队类

胜任力词条	具体含义
识人用人	识别和挖掘下属的优势与潜能，将合适的人放在合适的位置上，使人尽其才、才尽其用
辅导培养	有意识地教导和培养下属，为下属的能力提升和持续成长提供必要的帮助与支持
激励他人	采取有效的方式和方法激发他人的积极性和工作热情，充分发挥他们的潜能
授权能力	将可由下属做的事情交给下属完成，同时将完成某项工作必需的权力授予他
变革管理	洞察组织内外部的变化，提出有利于组织发展的应对方案，鼓励组织成员朝某一既定方向改变

7.管理任务类

胜任力词条	具体含义
统筹规划	站在全局的角度思考问题，充分考虑各方面因素，组织和利用多方资源，制定有效的方案，确保工作目标的实现
计划能力	围绕决策目标和优先方案分解工作，细致安排资源，以保障目标顺利达成
时间管理	通过事先规划，采用一定的技巧与方法，灵活和有效地安排时间，实现个人或组织的既定目标
策划能力	在制定决策之前，提出有价值的目标，编制科学可行的方案，并能充分展现自己的优势
组织能力	按计划对目标任务进行分类、分组，合理配置人、财、物等各类资源，以达成工作目标

（续表）

胜任力词条	具体含义
协调能力	化解工作中的各种问题，合理调配相关资源，聚分力为合力、变消极因素为积极因素
控制能力	对工作过程进行监督、检查和优化调整，以保证计划得以落实，任务目标能够达成
结果导向	重视结果的达成，注重工作的实际效果和产出，通过切实的行动达成相应的结果
快速行动	高效落实工作计划，快速响应上级的安排或客户的需求，以确保目标的达成
风险意识	准确预估工作中存在的风险点及可能带来的影响，对风险点进行科学管理，有效防范和化解风险

8. 管理经营类

胜任力词条	具体含义
战略思维	对行业发展趋势进行前瞻性的分析判断，找准市场机会，明确公司未来的发展方向、发展目标和发展路径
决策能力	通过分析、比较，在若干种可供选择的方案中选定最优方案，在行动之前对行动目标与手段进行探索、判断和选择
商业思维	主动分析市场环境和客户的需求，了解现有及潜在的竞争对手，并制定相应的竞争策略
经营意识	从决策者的角度思考组织的整体发展，关注市场和环境变化，推动成本控制和收入、利润的改善工作
市场洞察	对市场、顾客、竞争对手等保持高度敏感，充分了解市场环境、客户和竞争者的特点，发现并抓住市场机会
资源整合	有意识地开发资源，熟悉相关资源的优势与不足，善于调配组合资源，使其发挥更大的作用
用户思维	以用户体验为中心，深度理解用户，从产品、服务、文化、精神等各个层面满足用户个性化、多样化的需求
客户导向	从客户的角度思考问题，有服务客户的意识，努力满足或超越客户的需求，使客户满意

附录二
超级面试官常用工具图表

一、人才画像表

岗位名称		分公司总经理
岗位工作重点		1. 完成年度经营目标 2. 提高人均销售额 3. 降低人员流失率
岗位关键挑战		1. 产品竞争力不足，缺少爆款产品 2. 销售人员素质参差不齐 3. 销售人员薪酬激励机制不科学
任职资格	年龄	28 岁 ~ 40 岁
	学历	本科以上
	工作经历	5 年以上
	专业资格	无
能力素质	知识	1. 熟悉本行业的外部环境和发展趋势 2. 了解竞争对手的产品特点与营销方法
	技能	掌握销售管理的基本技能
	关键历练	1. 做过一线销售员并取得过优秀的业绩 2. 从零开始组建团队并带领团队实现业绩增长
	胜任力	经营能力、团队发展、创新变革、追求卓越
	个性特征	开放包容，抗压能力强，追求高目标
	职业兴趣	喜欢与人打交道
什么样的人一定不会要		缺乏目标感的人，不会带队伍的超级业务员
什么样的人会优先考虑		1. 曾经将业绩较差的销售员培养成为销售高手 2. 有本行业的工作经验
定薪		年薪 50 万元 ~ 100 万元（税前）

说明：各企业可根据实际情况对此表进行优化调整。

二、面试提纲表

岗位名称	分公司总经理	
考察指标	核心问题	备选问题
经营能力	在产品竞争力不足、缺少爆款产品的情况下，你是如何完成年度经营目标的	请谈谈你在建立和维护客户关系方面的经验？请举例说明
团队发展	1. 面对销售人员素质参差不齐的情况，你是如何提升整个销售团队的战斗力的 2. 在薪酬激励机制不科学的情况下，你是如何降低人员流失率的	请介绍你在团队管理中印象最深刻、最有成就感的事情
创新变革	请描述你在工作中用新方法解决新问题的一次经历	你在工作中推出过哪些创新举措来达成工作目标
追求卓越	当你的业绩已经很优秀时，你是如何超越自我，实现更好的成绩的？请举例说明	你愿意做大池塘的小鱼还是小池塘的大鱼？为什么
求职动机	1. 你对自己的职业生涯有什么样的规划 2. 你喜欢在什么样的环境中工作？哪些环境是你肯定无法接受的 3. 你为什么离开上一家公司	1. 在什么情况下你会离开公司 2. 你在找工作时最看重什么 3. 你希望与什么样的上司共事

说明：各企业可根据实际情况对此表进行优化调整。

三、面试评分表

• 基本信息

姓名		性别		年龄	
应聘职位		所属部门			
面试时间		第几轮面试			

• 定量评价（对候选人的相关能力指标进行评分）

类别	指标	优（9分及以上）	良（8～9分，含8分）	中（6～8分，含6分）	差（6分以下）
专业能力	等级描述	达到专家水平，能指导他人开展工作	技能较为熟练，能独立开展工作	熟悉岗位知识，能独立开展基础性工作	在他人的指导和帮助下才能开展工作
	面试评分				
	行为记录				
经营能力	经营能力	根据市场变化情况挖掘潜在的业务增长点	根据财务数据控制不必要的支出	了解市场发展变化情况，掌握团队经营动向	缺乏经营意识，不了解客户和竞争对手
	面试评分				
	行为记录				
团队发展	团队发展	关注员工职业规划，打造人才发展机制	针对不同下属采取个性化的激励与培养措施	指导下属开展工作，激发下属的积极性	不关心下属成长，不注重营造团队氛围
	面试评分				
	行为记录				

（续表）

类别	指标	优（9分及以上）	良（8～9分，含8分）	中（6～8分，含6分）	差（6分以下）
创新变革	创新变革	有组织、机制层面的创新思考与实践	有工具方法层面的创新思考与实践	心态开放，有创新变革意识	思维保守，拒绝、排斥变化
	面试评分				
	行为记录				
追求卓越	追求卓越	为自己和团队设定超越行业最佳实践的目标	把行业最佳实践当作学习目标	为自己和团队设定挑战性目标	不思进取，安于现状，遇到困难先找借口
	面试评分				
	行为记录				
动力适配性	求职动力	职业规划清晰，求职意愿强烈	有职业规划，求职意愿强烈	有职业规划，求职意愿一般	缺乏职业规划，求职意愿低
	面试评分				
	行为记录				
·定性评价（对候选人能力优劣、个性特征等进行综合评价）					

说明：各企业可根据实际情况对此表进行优化调整。

205

四、录用审批表

姓名		性别		年龄		学历	
应聘岗位			期望薪酬			到岗日期	
初试	评价指标	专业能力	经营能力	团队发展	创新变革	追求卓越	动力适配性
	评分						
	面试评语						
	风险提示						
	是否录用			建议薪酬			
	面试时间			面试官签名			
复试	评价指标	专业能力	经营能力	团队发展	创新变革	追求卓越	动力适配性
	评分						
	面试评语						
	风险提示						
	是否录用			建议薪酬			
	面试时间			面试官签名			
领导审批意见					签名：　　　时间：		

说明：各企业可根据实际情况对此表进行优化调整。

参考文献

1. 李军素，孙大强.面试中有效提问设计［J］.中国人力资源开发，2007.01：63-65.

2. 孙武.面试中如何舞动追问"利器"［J］.中国人力资源开发，2008.04：45-48.

3. 张弘，曹大友.招聘面试中的行为挖掘技术［J］.中国人力资源开发，2010.237（3）：34-37.

4. 杨春瑰，于婕.基于思想分析的面试新理念［J］.安徽大学学报（哲学社会科学版），2016.5：36-40.

5. 曾垂凯，时勘.结构化面试的两种模式［J］.现代管理科学，2009.7：9-11.

6. 陈祎，吴志明.面试官的认知方式与技能提升［J］.中国人力资源开发，2007.5：54-56.

7. 马尔科姆·格拉德威尔.面试中的雷区［J］.21世纪商业评论，2011.9：28-32.

8. 张亭玉，张雨青.说谎行为及其识别的心理学研究［J］.心理科学进展，2008，16（4）：651-660.

9. 吴蒿，金盛华，蔡頠，李绍颛.基于语言内容的谎言识别［J］.心理科学进展，2012，20（3）：457-466.

10. 吴奇，申寻兵，傅小兰.微表情研究及其应用［J］.心理科学进展，2010，18（9）：1359-1368.

11. ［阿根廷］费洛迪.如何发掘高潜力人才［J］.清华管理评论，2015（11）：14-19.

12. 陈玮，岑颖寅.发现高潜质人才［J］.清华管理评论，2013（05）：104-108.

13. 黄波，凌文栓.人与组织匹配的招聘模式［J］.中国人力资源开发，2005.09：41-43.

14. ［美］尼古拉斯·鲁林著，龙红明译.面试心理学［M］.北京：人民邮电出版社，2019.

15. ［美］杰夫·斯玛特，兰迪·斯特里特.哈佛商学院最有效的招聘管理课［M］.广州：广东人民出版社，2015.

16. ［阿根廷］费洛迪著，谢逸群译.才经［M］.上海：东方出版社，2008.

17. ［阿根廷］费洛迪著，高玉芳译，谢非校译.合伙人：如何发掘高潜人才［M］.北京：中信出版社，2015.

18. ［美］埃里克·施密特，乔纳森·罗森伯格，艾伦·伊戈尔.重新定义公司：谷歌是如何运营的［M］.北京：中信出版社，2015.

19. ［荷兰］阿尔内·埃弗斯，尼尔·安德森，奥尔加·奥斯奎吉尔.人事选拔心理学［M］.北京：世界图书出版公司，2016.

20. ［美］菲奥克著，方颖译.选人的真理［M］.北京：机械工业出版社，2015.

21. ［美］安托尼特·露西亚，理查兹·莱普辛格.胜任：员工胜任能力模型应用手册［M］.北京：北京大学出版社，2004.

22. ［美］拉姆查兰.识人用人［M］.北京：中信出版社，2019.

23. 田效勋，柯学民，张登印.过去预测未来：行为面试法（第3版）［M］.北京：中国轻工业出版社，2018.

24. 王新宇.聘之有道面试读心术［M］.北京：机械工业出版社，2011.

25. 远鸣.把招聘做到极致［M］.北京：中华工商联合出版社，2014.

26. 李祖滨，汤鹏.聚焦于人：人力资源领先战略［M］.北京：电子工业出版社，2017.

27. 李祖滨，刘玖峰.精准选人：提升企业利润的关键［M］.北京：电子工业出版社，2017.

28. Lisa.创业请从会用人开始［M］.南宁：广西科学技术出版社，2017.

29. 风里.领导力21真言［M］.北京：北京联合出版公司，2014.

30. 曾国藩.冰鉴［M］.北京：中国画报出版社，2011.

31. ［美］哈里·巴尔肯.微表情心理学：读心识人准到骨子里［M］.北京：群言出版社，2014.